ƎV reinhardt

Barbara Zapke

Spielräume für Schüler, die nicht passen

Intensivpädagogik in der Sekundarstufe

Mit 47 Spielen und Aktionen

Mit 7 Abbildungen und 1 Tabelle

Ernst Reinhardt Verlag München

Dr. paed. *Barbara Zapke* ist Sonderpädagogin und arbeitet an einer Förderschule für emotionale und soziale Entwicklung in Essen.

Bibliografische Information der Deutschen Nationalbibliothek

Die Deutsche Nationalbibliothek verzeichnet diese Publikation in der Deutschen Nationalbibliografie; detaillierte bibliografische Daten sind im Internet über <http://dnb.d-nb.de> abrufbar.
ISBN 978-3-497-02979-2 (Print)
ISBN 978-3-497-61401-1 (PDF-E-Book)
ISBN 978-3-497-61402-8 (EPUB)

Printed in EU
Cover: Agenturfoto. Mit Model gestellt © iStock.com/Jamie Casper
Fotos im Innenteil (Abb. 3 und 4): Adrian Engelhardt
Satz: Bernd Burkart; www.form-und-produktion.de

Ernst Reinhardt Verlag, Kemnatenstr. 46, D-80639 München
Net: www.reinhardt-verlag.de
E-Mail: info@reinhardt-verlag.de

Inhalt

Einleitung

Intensivpädagogik? Das hört sich nach massiven Verhaltensstörungen und einer herausfordernden und anstrengenden Aufgabe an. Doch nach Fachbeiträgen, wie eine intensivpädagogisch ausgerichtete, praktische Umsetzung in der Schule aussehen kann, sucht man fast vergeblich.

Speziell für die Arbeit mit Jugendlichen weist die einschlägige Fachliteratur trotz des oft hervorragenden fachtheoretischen Inputs einen entscheidenden Mangel auf: Es fehlen Impulse, wegweisende Konzepte sowie passende praktische Angebote für den (intensiv-)pädagogischen Umgang mit dieser Klientel. Das ist umso erstaunlicher, wenn man bedenkt, dass sie die Umsetzung der Inklusion an Schulen „sprengen" könnte, was auch die Bezeichnung „Systemsprenger" deutlich macht.

Dieses Buch entstand aufgrund der drängenden Problem- und Fragestellungen zum intensivpädagogischen schulischen Alltag von Kindern und Jugendlichen mit Störungen der emotionalen und sozialen Entwicklung und gravierenden Problemen in Gruppengefügen. Da sie im Schulleben immer wieder durch massive Interaktionsstörungen auffallen und mit ihrem extremen Verhalten eine wechselseitige Brüchigkeit in ihrer Umgebung provozieren, passen sie nicht richtig in das Bildungssystem unserer Gesellschaft und kommen in der Institution Schule nicht zurecht. Sie „passen" so, wie sie sich verhalten, vor allem ihren Mitschülern nicht.

Da Menschen als Bindungswesen darauf ausgerichtet sind, durch Beziehungen zu anderen ihre Gefühle zu regulieren und die Anforderungen ihres Lebens zu bewältigen, befinden sich diese Schüler in einem Teufelskreis. Sie stoßen in der Schule auf offene Ablehnung und Ausgrenzung bis hin zum Ausschluss. Diese Abläufe aus Zurückweisung, Ausgrenzung, Schulwechseln, Aufenthalten in der Kinder- und Jugendpsychiatrie und in Einrichtungen der Kinder- und Jugendhilfe mit immer „wiederkehrenden Verlusterfahrungen" (Herz/Zimmermann 2015) durch Abbrüche von Beziehungen und vertrauter Umgebung wiederholen sich, bis schließlich nichts mehr greift und wegen „mangelnder Passung" nichts Passendes mehr vorhanden ist.

Mangelnde Passung hat als Gegenteil der „optimalen Passung", eines Begriffs der Erforschung der Leistungsmotivation (Heckhausen 1985), fatale Auswirkungen auf die emotionale und soziale Entwicklung und die Lebensqualität der Betroffenen und ihres Umfeldes. Deshalb befasst sich das Leitmotiv dieses Buches mit der Notwendigkeit, zwischen den unterschiedlichen individuellen Bedarfen der Schüler und den Anforderungskriterien von „Mehrpersonensituationen" (Rauh 2010) in der Schule eine Passung herzustellen und gezielt Gruppensituationen aufzusuchen.

Gemeinsames bewegungsorientiertes Spielen und Spielfreude werden hier als ein offensiver, positiver Gegenentwurf zum Scheitern angesehen. Dabei geht es um eine pädagogische Haltung, die auf die Gestaltung tragfähiger Beziehungen, eine verstehende Diagnostik und eine intensive Entwicklungsbegleitung der Schüler durch den Lehrer setzt. Denn letztlich besteht die pädagogische Aufgabe darin, Kinder und Jugendliche dabei zu unterstützen, beziehungsfähig(er) zu werden.

Das Konzept der Spielräume führt die Erfahrungen der Autorin von über zwanzig Jahren spiel- und bewegungsorientierter Entwicklungsbegleitung zusammen und basiert auf der täglichen Arbeit mit Schülern, die schwere psychische Auffälligkeiten, Entwicklungsstörungen, massive Ängste und weitere eklatante Problemlagen mitbringen.

Antrieb war die Suche nach Wegen, Zugänge zu erschließen, für das, was Kinder und Jugendliche an Anregung und Unterstützung brauchen, um ihre eigene Entwicklungsarbeit leisten zu können. Den regulären Unterricht gänzlich ruhen zu lassen, bot sich als pädagogische Alternative nicht an. Die Schüler verlangten nach „richtiger Schule" mit richtigen Zeugnissen und klassischem Frontalunterricht – und Arbeiten schreiben wollten sie auch.

Allerdings bestand auch ein riesiges Bedürfnis danach, Schule anders zu erleben. Sie wünschten sich eine Schule, in der sie die Möglichkeit hätten, verändernd auf ihre sie permanent einschränkende und beschädigende Umwelt einzuwirken, und die einen Ausgleich böte für erlittene Niederlagen und emotionale Verletzungen.

Mit den Überlegungen zu diesen Bedürfnissen der Kinder und Jugendlichen stellten sich die Ideen zur Gestaltung einer anderen Umwelt und dem Konzept der Spielräume als Entwicklungs- und „Möglichkeitsraum" (Caldwell/Joyce 2016) ein. Bis die Konzeptideen um- und durchgesetzt werden konnten, hat es aber noch gedauert. Denn Spielräume haben viel von Pippi Langstrumpfs „Ich mach' mir die Welt, wie sie mir gefällt" – das gefällt nicht jedem, bzw. es existieren Vorbehalte, ob Schüler so genügend Inhalte vermittelt bekommen und etwas lernen. Die Erfahrung aber, dass Schule ein Raum sein kann, der gefällt, den man gerne aufsucht und an dem man auch bleibt (Seligman 2014), bildet die Grundlage für diesen Ansatz.

Ergänzend zum regulären Spielangebot wurden seit 2007 mit Studierenden der Technischen Universität Dortmund viele spiel- und bewegungsorientierte Praxisseminare durchgeführt. Auch diese Erfahrungen flossen in mein Promotionsprojekt ein, das den Orientierungsrahmen für dieses Buch bildet.

Die Erkenntnisse, Überlegungen und praktischen Anregungen wollen vor allem zur Eigeninitiative ermutigen und Impulse zur kreativen Überwindung von Hindernissen geben. So sehr sich Praxisfelder, Kompetenzen, Neigungen und Selbstbild der Leser unterscheiden mögen, als entscheidend wird der Wille angesehen, selbstbewusst den Anspruch auf mehr Leichtigkeit und Lebensqualität zu vertreten.

Das bedeutet aber auch, sich nicht zu entziehen, wenn man auf die hochpräsente Vielstimmigkeit und Vehemenz von Verhaltensstörungen trifft und mit allen Facetten des emotionalen Spektrums konfrontiert wird. Insofern ist Spielen in der Schule eine ernste Angelegenheit. Sie setzt voraus, sich auf Bedürfnisse und Erwartungen von Kindern und Jugendlichen einzulassen, die „Zocken" meinen, wenn von Spielen gesprochen wird und meist bewegungs- und erfahrungsarm mit einem übermäßigen Handy- und Medienkonsum aufwachsen.

Für diese Situation muss man bereit sein, das nötige pädagogische Handwerkszeug, einen langen Atem und viel Begeisterung mit- und aufzubringen. Zielsetzung ist, aus und mit den eingefahrenen Einzelkämpfern eine Gruppe zu formen und diese so anzuleiten, dass dabei interaktive Interventionen herauskommen, die bei allen Beteiligten neue Wahrnehmungs-, Denk- und Verhaltensmuster bewirken.

Die einheitliche Schreibweise der männlichen Form ist aus Gründen der besseren Lesbarkeit verwendet worden. Selbstverständlich sind alle Geschlechter gleichermaßen gemeint.

Auf dem Weg, Intensivpädagogik spielend umzusetzen, Schule als einen „guten Ort" zu gestalten und dieses Buchprojekt abzuschließen, haben mich viele Menschen begleitet. Dafür möchte ich mich bedanken – besonders bei meinen Teamern, den Schülerinnen und Schülern der Klasse E+, Tamara Willmann, Gerd Hölter und „meinen Männern".

1 Intensivpädagogik – intensiv für wen?

Im Zusammenhang mit Schülern mit schweren Verhaltensauffälligkeiten findet sich in Schulprogrammen und pädagogischen Konzepten zunehmend der Begriff Intensivpädagogik und in Fachdiskursen wird die unterschiedliche Prägnanz von „herausfordernden Schülern“ und „Systemsprengern“ beschrieben, die intensivpädagogisch zu betreuen sind.

Was jedoch wirklich mit Intensivpädagogik gemeint ist und wie sie in der Schulpraxis umgesetzt werden kann, wird in der Fachliteratur nicht weiter ausgeführt. So fühlen sich viele Pädagogen trotz ihrer tagtäglichen individuellen Bemühungen oft unsicher. Mit dem Konzept der Spielräume wird eine Form der Entwicklungsbegleitung vorgestellt, die Impulse für eigene Denkmodelle und Fühlrichtungen freisetzen kann.

1.1 Intensivpädagogik – eine Frage der Passung

Der Begriff Intensivpädagogik bleibt in theoretischen und praktischen pädagogischen Arbeitsfeldern eher vage und wird für eine Pädagogik mit einer Zielgruppe verwendet, die als äußerst schwierig gilt. Auch ausgewiesene differenzierte Standards dafür finden sich nicht. In nichtschulischen pädagogischen Bereichen, z. B. der Heimerziehung, gehört Intensivpädagogik zwar zu den Kernaufgaben, wird dort aber meist nicht explizit so benannt (Baumann et al. 2017). Im schulischen Kontext sind die pädagogischen Einflussmöglichkeiten auf extrem auffälliges und schwieriges Schülerverhalten eher begrenzt. Mit der Begriffsverwendung „Intensivpädagogik“ wird oft nur angezeigt, dass man sich einer bestimmten schwierigen Problematik in besonderer Form und mit einer anderen Intensität widmet als der sonst üblichen.

Ein assoziativer Vergleich mit medizinischen Intensivstationen lässt an den komplikationsreichen, lebensbedrohlichen Zustand eines Patienten denken und an eine hoch spezialisierte Behandlungsform. Dieser Vergleich ist gar nicht so abwegig. Auch den intensivpädagogischen Maßnahmen gehen meist bedrohliche Situationen mit starker Selbst- und/oder Fremdgefährdung voraus und die gängigen Unterrichtsmethoden im Klassenverband reich(t)en nicht aus für Schüler, die oft in jeder Stimmungsausprägung intensiver agieren als andere.

Mit einer speziellen Unterrichtsform soll ihr Entwicklungs- und Reifeprozess soweit korrigiert und angepasst werden, dass sie (wieder) am Regelunterricht teilnehmen und ihre Schullaufbahn erfolgreich beenden können. Doch während es die Intensivmedizin meist mit sehr schwachen, wehrlosen Personen zu tun hat, die für ihre Rettung in der Regel dankbar sind und die isoliert und keimfrei mit effektiv wirkenden, ständig verbesserten Verfahren behandelt werden, trifft die Intensivpädagogik auf eine sehr heterogene, schwer steuerbare Zielgruppe und unspezifische Rahmenbedingungen mit gravierenden Problemlagen, hoher psychosozialer Dichte und hoch komplexen Kontextbezügen, auf die nur schwer Einfluss genommen werden kann. Das bedeutet eine hohe Belastung für die Pädagogen, vor allem, wenn sie auch noch ihren regulären Lehr- und Unterrichtsverpflichtungen in inkludierten Schulklassen nachkommen wollen und müssen.

Leider stellt die Intensivpädagogik in der Schule keine präventive Maßnahme dar, die vorbeugend bei Anzeichen von Risikofaktoren und Schulproblemen zum Einsatz kommt, um Fehlentwicklungen frühzeitig entgegenzuwirken. Stattdessen kommt Intensivpädagogik erst dann zum Tragen, wenn sich die bekannten strukturgebenden Verfahren sukzessive als ungeeignet erwiesen haben und alle möglichen Hilfsangebote und Regulierungsversuche gescheitert sind.

In der Abwärtsspirale aus Ausgrenzung, Anpassungsversuchen und kontinuierlichen Versagenserfahrungen entwickeln sich Kinder und Jugendliche irgendwann zu Spezialisten darin, pädagogische Bemühungen ins Leere laufen oder eskalieren zu lassen. Der institutionelle Anteil von Schule an fehlgeleiteten Hilfeverläufen dieser Zielgruppe ist demnach oft geprägt von Delegationsmustern, welche die Selbstwertproblematik, die Orientierungslosigkeit und die Abwehrmechanismen von Schülern in hoch belasteten Lebenssituationen zusätzlich verstärken und zur Manifestierung beitragen. Eine Passung wird dann zunehmend schwieriger und es gehört zu diesen „lebensfeindlichen Logiken" (Schwabe 2010), dass irgendwann nichts mehr dauerhaft wirkt, nicht einmal, wenn die Pädagogen sich bemühen, die Gründe der Schüler für ihr Verhalten zu verstehen, und darum ringen, immer wieder Zugänge zu finden und Neustarts zu ermöglichen.

Die „mangelnde Passung" des Kindes, vor dem Hintergrund von Traumata, schweren Verhaltensauffälligkeiten, psychischen Störungen und prekären Entwicklungsbedingungen und Lebensverhältnissen, wird häufig erst in der Schule offensichtlich, weil sie das System Schule zunächst massiv stört und dann überfordert. Aber Störungen enthalten nach Gerspach (1998) immer eine soziale Mitteilung und sind sowohl als Schutz als auch als Bewältigungsversuch zu lesen. Von Freyberg und Wolff weisen auf den Sinn dieses biografisch aufgebauten Abwehrsystems hin, das darauf angelegt ist, Anstoß zu erregen, um Angst und

Hilflosigkeit nicht selbst fühlen zu müssen, sondern beim Anderen hervorzurufen (v. Freyberg/Wolff 2009, 48).

Und doch müsste es pädagogisch möglich sein, „neue Orientierungsgrößen für die Lebensgestaltung und für die Gewinnung von Lebenssinn zu finden" (Speck 2008, 264), selbst wenn die Förderansätze in der Schulpraxis sogar an Förderschulen kontinuierlich an Grenzen stoßen und Förderangebote nicht greifen.

Intensiv würde dann bedeuteten: Neu, anders, passend, also nicht ein „Mehr vom Gleichen" (z. B. mehr Aufsicht, mehr Gespräche). Eine intensivpädagogische Passung muss darauf ausgerichtet sein, wichtige Elemente innerer und äußerer Organisation nach den persönlichen Möglichkeiten und im Hinblick auf die spezifischen Notwendigkeiten der Kinder und Jugendlichen einzusetzen. In Bezug auf die Spielräume für Schüler, die nicht passen, kristallisieren sich damit folgende Leitziele heraus:

- Unterbrechung der systematisch negativ verlaufenden Entwicklungen
- Halt gebende und für Kontinuität sorgende Rahmenbedingungen und Settings
- Entwicklung von mehr Lebensqualität
- Ermöglichung von positiven Beziehungs- und Gemeinschaftserfahrungen
- Verdichtung von Lösungsmöglichkeiten
- Aufbau von passenden Alternativen für die Vermittlung von Lerninhalten

1.2 Zwischen Bildungsauftrag und Emotionsregulierung

„Emotionen, Gefühle, Stimmungen bergen eine Art ‚Energie', ein psychisch-körperliches Erregungspotential (arousal). Und diese Energie ist ansteckend" (Wilhelm 2019, 60). Unser Gehirn liest nämlich mit Hilfe der Spiegelneuronen automatisch die Emotionen anderer und ermöglicht uns, die wahrgenommenen Stimmungen einzuordnen.

Emotionale Ansteckung bedeutet, dass die Interaktionen mit anderen Menschen und die sozialen Beziehungen davon beeinflusst werden. Dabei werden negative Emotionen stärker wahrgenommen als positive. Und je höher die übertragene Energie desto größer die Überwältigung, der Regulierungsdrang oder der Fluchtinstinkt. Solche Energieübertragungen werden in Kommunikationsprozessen allerdings auch bewusst bzw. manipulativ eingesetzt und kanalisiert, um beim Gegenüber bestimmte Stimmungen zu erzeugen. Theater, Film und Schauspiel sowie Schauspieler arbeiten explizit mit diesem Phänomen.

Ein überzeugendes Beispiel für die Erzeugung psychisch-körperlicher Erregungs- und Energieübertragungen stellt der Film „Systemsprenger“ von Nora Fingscheidt dar. Er hinterlässt auch bei einem pädagogischen Fachpublikum das Gefühl absoluter Hilflosigkeit und Unabänderlichkeit in Bezug auf die Möglichkeiten einer Emotionsregulierung dieses Kindes.

Das soll auch so sein. Der Film bezieht seinen Sog aus einer hoch verdichteten künstlichen Fallkonstruktion von schmerzhafter Realität, die nichts an Versagen, Scheitern und destruktiver Eskalation auslässt. Dabei spürt man während des Filmablaufs die gleiche Hilflosigkeit und Ohnmachtsgefühle wie die Protagonisten. Auch ihre Fehler kann man nachvollziehen, wenn sie voller Rettungsphantasien und Ängste in Überforderungssituationen hineinschlittern und alles immer schlimmer wird. Als Zuschauer hat man bei diesem Film ständig ein parallel laufendes Gedankenkino im Kopf, das um die Fragestellung kreist: Was würdest du tun, was kann noch ausprobiert werden? – Ohne Ergebnis. Keine Idee, bzw. keine, die das Schul- und Hilfesystem vorsieht.

Das wirft auch die Frage auf, ob und wie für ähnliche Situationen im Schulalltag überhaupt eine Form der Emotionsregulierung erfolgen kann.

Der entscheidende Punkt der Emotionsregulierung ist der Glaube an die Kontrollierbarkeit der eigenen Gefühle. Bei Menschen, die Emotionen für etwas Gutes halten und die Überzeugung vertreten, dass sie ihre Gefühle kontrollieren können, haben Psychologen ein stärker ausgeprägtes Wohlbefinden festgestellt, als bei denen, die Emotionen als negativ und nicht kontrollierbar einschätzen. Ohne Selbstwirksamkeitsüberzeugung werden erst gar keine Versuche unternommen, heftige Gefühle zu regulieren. Man fühlt sich von ihnen überfallen und sie werden ungebremst ausagiert. Und weil das Schülerverhalten starke Gegenübertragungen bei den Pädagogen auslöst, führt das zu Zuständen, die für alle Beteiligten fast untragbar sind.

Die Schule ist auf derartige Grenzsituationen und verzweifelte Eskalationsprozesse auch gar nicht ausgerichtet. Das hat u. a. gesellschaftliche und schulgeschichtliche Gründe. Lange reichte es aus, wenn Schulen ihren eigentlichen Arbeitsauftrag, den Bildungsauftrag, erfüllten. Störer wurden einfach ausgesondert, bis eine Arbeitsatmosphäre herrschte, in der mit den noch verbleibenden Schülern in Ruhe gearbeitet werden konnte.

Aus kinder- und jugendpsychiatrischer Sicht weisen Schüler, die intensivpädagogisch betreut werden, häufig Mehrfachdiagnosen auf und gelten oft als nicht therapiefähig. Popp beschreibt die problematische Tendenz, dass Schulen für emotionale und soziale Entwicklung von immer mehr Kindern besucht werden, denen medizinisch bescheinigt wurde, dass sie nicht beschulbar, austherapiert oder nur in Kleingruppen oder Einzelbetreuung zu beschulen sind, womit diese Schulform zunehmend zu einer Restschule für psychosoziale „Extremfälle“ wird (Popp/Methner 2014).

Was folgt, ist nach Stichweh (2009) eine „inkludierende Exklusion“ oder eine „exkludierende Inklusion“ dieser Kinder und Jugendlichen, einerseits um das System zu entlasten und Mitschüler vor extremen Verhaltensweisen zu schützen, andererseits um den Kindern und Jugendlichen, die in schwierigen Situationen immer wieder von ihren Emotionen überwältigt werden, mögliche Auszeiten zu gewähren.

Therapeutische Hilfsmittel wie „Wutbälle“ und erlernte Verfahren (z.B. Ampelsystem) und Ersatzhandlungen erweisen sich meist als zu schwach bzw. als ungeeignet, um „schlechte“ Gefühle schon im Vorfeld einzudämmen und drohende Ausraster zu verhindern, denn sie erfassen oft nicht den eigentlichen Problemhintergrund, sondern nur den akuten Auslöser. Was fehlt, sind Möglichkeiten zur Entwicklung von Selbstwirksamkeit und Ambiguitätstoleranz, um in emotional und sozial belastenden Situationen über genügend Bewältigungsstrategien zu verfügen (Hölter 2011). Nur der Glaube an die eigene Fähigkeit zur Emotionsregulierung kann dazu führen, in emotionalen und sozialen Überforderungssituationen angemessen zu agieren bzw. Hilfe annehmen zu können.

1.3 Sicherheit und Angstfreiheit als Grundvoraussetzung

Damit Entwicklungsschritte ermöglicht werden können, muss die Schulumgebung als „sicherer Ort“ erfahren und ein angstfreies Klima, bzw. eine passende Lernatmosphäre geschaffen und gewährleistet sein. Schüler mit Opfererfahrungen oder Schulangst können nur wieder Vertrauen in den Schulraum gewinnen, wenn sie sich gut aufgehoben und sicher fühlen. Nach Müller und Stein (2015) erleben Kinder und Jugendliche Sicherheit durch nachvollziehbare, bewusst gesetzte und konsequent eingehaltene Grenzen, an denen man nicht nur wachsen und sich reiben kann, sondern die Orientierung und Halt anbieten.

Schüler, deren Verhalten sich massiv gegen die Bedingungen des „sicheren Ortes“ richtet, können zum Schutz der Mitschüler und auch der Lehrer nicht im Rahmen von Klassen unterrichtet werden, vor allem nicht bei hoher Fremdgefährdung und Gewaltbereitschaft. Auch mangelnde Behinderungsverarbeitung bzw. fehlendes Bewusstsein für die eigenen Probleme kann zur Miss- oder Verachtung von Mitschülern, Lehrern und Regeln führen. Außerdem besteht bei vielen verunsicherten Jugendlichen die Angst davor, „gebrochen“ zu werden, wenn sie sich auf Schule und Unterricht einlassen. Sie befürchten einen drohenden Ich-Verlust, wenn ihnen ein anderes Verhalten aufgezwungen wird, eine Befürchtung, die zu einem Kontrolldruck führt, der sich gegen alles und jedes wenden kann.

Es muss deshalb nach etwas gesucht werden, das eine andere Art der Ansprache ermöglicht. Dazu braucht es einen Vereinbarungsrahmen und angemessene Grenzmarkierungen. Schüler müssen in der Lage sein, eindeutige, einfache, elementare Anweisungen der Lehrer umzusetzen. Das gilt vor allem für Stoppsignale und für Aufforderungen, den Raum zu verlassen. Im äußersten Fall kann das auch bedeuten, dass der Schüler die Gruppe verlassen muss.

1.4 Besonderheiten der pädagogischen Beziehungsgestaltung

Basis für derartige Lehr-, Lern- und Veränderungsprozesse sind die Beziehungen, die sich unter schwierigen Bedingungen entwickeln, und das daraus erwachsene gegenseitige Vertrauen. Das System von Schule und Klassenunterricht verstärkt die „einem Wiederholungszwang folgende Beziehungsgestaltung der schwierigen Jugendlichen“ (v. Freyberg/Wolff 2009, 18). Deren biografisch erfahrene (Beziehungs-)Muster sind geprägt „durch ein hohes Maß an Unzuverlässigkeit und Unsicherheit, Vernachlässigung und Gewalt, Versagungen und Enttäuschungen“ (Ader/Schrapper 2004, 438). Diese belastenden Lebenssituationen wirken sich auf alle weiteren Kontakte, die gesamte Kommunikation und Nähe-Distanz-Verhältnisse aus, sie erschweren die Herstellung zwischenmenschlicher Kontakte und machen bereits bestehende Beziehungen extrem fragil und störanfällig.

Dabei sind provokante, oppositionelle, verweigernde und abweichende Verhaltensweisen oft verquere Formen einer Kontaktaufnahme oder sollen austesten, was Pädagogen aushalten und ob sie standhalten. Eigentlich schätzen Kinder und Jugendliche „haltgebende Lebenswelten“ (Speck 1997) und Kontinuität sehr und erkennen es an, wenn Pädagogen bereit sind, sich mit ihnen auseinanderzusetzen. Wenn sie ihnen Bedingungen stellen, Konflikte austragen, sie mit Fehlverhalten konfrontieren und Konsequenzen einfordern (Baierl 2014, 68).

Oft bedient man sich im Zusammenhang mit der Intensivpädagogik physikalischer Ausdrücke wie „Reibung erzeugt Wärme“ oder „elastische Stabilität“, eine Eigenschaft von Stahlkonstruktionen. Hinter der plastischen Charakterisierung pädagogischer Beziehungen liegt die Erfahrung mit anstrengenden Arbeitsprozessen, energiegeladenen Vorgängen und wechselseitigem Kräftemessen im

Bemühen um die notwendige Balance aus Unterstützung und Begrenzung für das gemeinsame Lernen. Dazu bedarf es „einer entschiedenen und unbeirrbaren Liebe zum Beruf und zu den Schülerpersönlichkeiten, und zwar gerade zu den unerträglich agierenden“ (Zimmermann 2016, 164) und einer „sensitiven Responsivität“ (Remsperger 2011). Die erfolgreiche Beziehungsgestaltung hängt entscheidend vom Gespür der pädagogischen Fachkräfte für die Signale und Bedürfnisse der Schüler ab, damit sie das eigene Verhalten darauf ausrichten können, wohl wissend, dass sich das Fühlen und Denken der Schüler der Kontrolle entzieht und nur an deren Eigenverantwortlichkeit appelliert werden kann.

Mit dieser Haltung und dem Bemühen, Offenheit und Wertschätzung zu vermitteln und Stress und Belastungen zu reduzieren, ändern sich allerdings der gesamte Schulalltag und die Art der Beziehungsgestaltung und des Umgangs miteinander (Zapke 2018).

1.5 Erprobung von Handlungsspielräumen

Im Bedeutungsumfeld von Handlungsspielraum werden indirekt die Umgebung und damit die Einflussbedingungen von Raum, Bewegungsrichtungen und Energien thematisiert, die sich auf die Kommunikationsbedingungen und das (Wohl-)Befinden von Gemeinschaften auswirken.

Auch der Zeitraum spielt bei den Versuchen zur Ausgestaltung intensiv-pädagogischer Praxissituationen eine bedeutsame Rolle, da Entwicklungsprozesse immer auch abhängig sind von der Dauer und Verfügbarkeit von Zeit, die ihnen eingeräumt wird (Zapke 2018).

Einen Schonraum zu schaffen mit der Möglichkeit, zur Ruhe zu kommen, sich zu erholen, den Druck herauszunehmen und Entlastung zu erfahren, ist allerdings nicht dasselbe wie der Aufbau förderlicher Bedingungen (Seligman 2014). Schonung ist für den Gesamtprozess einer Lern- und Verhaltensänderung keineswegs produktiv, kann vielmehr die Opferrolle noch verstärken und die Erfahrung von Selbstwirksamkeit verhindern. Ein fördernder Raum hingegen gibt dem Kind die Gelegenheit, Dinge selbst zu finden, daher sollen die Pädagogen sie in Winnicotts „fördernder Umwelt“ liegen lassen. Ein offener unfertiger, lückenhafter Umgebungszustand enthält stärkere Handlungsanreize und bietet dadurch Inspiration, Ermutigung und Gelegenheit für positive Gruppenerfahrungen mit dem Gefühl dafür, wie es ist, in größeren sozialen Gebilden zu leben und sich darin sicher bewegen zu können (Rauh 2010, 39).

Es gilt also, Halt zu geben und trotzdem flexibel und offen für Neues und Veränderungen zu sein. Erziehung, Veränderungen und gemeinsames Lernen haben immer nur Versuchscharakter und können sich bei jedem Schüler und mit jeder neuen Gruppenkonstellation anders, wenn vielleicht auch ähnlich auswirken.

1.6 Intensivpädagogik als gemeinsamer Prozess und Dialog

Wenn sich auf der einen Seite Schüler nicht anpassen können und auf der anderen Seite die Bemühungen der Pädagogen ins Leere laufen, schafft der Versuch eines Zusammenspiels als Dialog eine Ebene, sich in wechselseitiger Anpassung von beiden Seiten anzunähern und zu begegnen. Dabei kann nie von den Lehrenden allein bestimmt werden, was jeweils zu den Lernenden passt. Vielmehr sind „die Pass-Formen stets neu mit allen Beteiligten zu ermitteln, situativ anzupassen, individuell zu differenzieren und zu variieren“ (Reich 2012, 38). Für Störmer kann die gemeinsame Suche nach Lösungen für problematische Lebens- und Handlungsweisen nur im Konsensverfahren, „im Prozess des gemeinsamen Aushandelns entwickelt werden“ (Störmer 2014, 106).

Dieses Aushandeln auf Augenhöhe setzt die Bereitschaft voraus, über Konflikte und unterschiedliche Interessen mit anderen in Kommunikation zu treten und dabei die eigenen Interessen argumentativ in Entscheidungsprozesse einzubringen und die Interessen anderer zu akzeptieren. Für Lehrkräfte erfordert es zudem „die Bereitschaft – und institutionelle Freiheit –, bei Jugendlichen mit ungewöhnlichen Gedankengängen auch ungewöhnliche Interventionen durchzuführen“ (Baierl 2014, 67).

Die Bedeutsamkeit der Dialoge im Hinblick auf Mitbestimmung, Selbsttätigkeit, Eigeninitiative und Eigenverantwortung sollte sich dann auch in der konkreten Arbeit und in einer vielschichtigen spiel- und bewegungsorientierten Lernumgebung niederschlagen.

Selbst wenn nicht alles prompt und eins zu eins umgesetzt werden kann, sind gemeinsame Tätigkeiten mit Erfolgserlebnissen wichtige und motivierende Erfahrungen bei einer „gemeinsamen Daseinsgestaltung“ (Kobi 2004).

2 Spielräume – Darstellung einer pädagogischen Haltung

Wenn es darum geht, ein pädagogisches Milieu mit passenden Rahmenbedingungen für Kommunikation und Intervention mit Jugendlichen zu schaffen, wird meist nicht an Spiel gedacht. Während bei jüngeren Kindern dem Spiel eine wichtige Rolle bei der Entwicklungsförderung zugesprochen wird, konstatiert Baierl (2014) für die pädagogische Arbeit mit verhaltensauffälligen Jugendlichen einen generellen Mangel an konkreten Ansätzen. In diesem Buch wird mit den Spielräumen ein intensivpädagogisches Spielkonzept in einer für Schüler und für Lehrpersonen geeigneten und anregenden Umgebung vorgestellt.

Spielräume sollten als Türöffner dienen bei dem Versuch, systematisch negative Entwicklungsverläufe zu unterbrechen, die Jugendlichen zu erreichen, mit ihnen in einen Dialog zu treten und zu interaktiven Interventionen zu kommen.

Ein Blick auf weitere Bedeutungsebenen des Begriffs „Spielräume" lässt erkennen, warum sich eine Orientierung daran lohnt: Die Synonyme weisen direkte Bezüge zu generellen pädagogischen Zielsetzungen auf und eröffnen gleichzeitig den Horizont für andere attraktive, an der individuellen Entwicklung orientierte Interventionen wie Autonomie, Bewegungsfreiheit, Mündigkeit, Platz, Wirkungsfeld, Luft, Unabhängigkeit. In starkem Kontrast zum Problemspektrum bei Verhaltensstörungen sind alle diese Begriffe positiv besetzt, von der Grundstimmung her aktiv und optimistisch und stehen vor allem für Selbstbestimmung und Freiheit. In diesem Sinne Schweres auf leichte Weise anzugehen, um damit mehr Lebensfreude und Lebendigkeit in einen Problemkomplex zu bringen und so für eine generelle Entlastung von Lehrpersonen, Schülern und ihren Bezugspersonen zu sorgen, ist das Hauptmotiv der hier dargestellten pädagogischen Haltung.

Es bedarf allerdings professioneller Distanz und Reflexion, um sich eine Haltung im Sinne einer Anwaltschaft für diese Kindern und Jugendlichen bewahren zu können, sowie angemessener Selbstfürsorge. Denn „Empathie kann sich erschöpfen [...], wenn die notwendigen Rahmenbedingungen im beruflichen Umfeld nicht gegeben sind" (Bauer 2013, 26).

2.1 Die Annahme eines verborgenen Sinns und eines guten Grundes für Verhaltensauffälligkeiten

Schüler, die Schwierigkeiten haben und Schwierigkeiten machen (Myschker 2009), passen nicht nur nicht in das bestehende Schulsystem, sie passen auch vielen Mitmenschen nicht. Doch geht man davon aus, dass solche Verhaltensauffälligkeiten einen verborgenen Sinn und gute Gründe haben, kann eine andere Sichtweise entstehen. Dieser Perspektivwechsel zusammen mit der Frage: „Was kann das Kind zum gegenwärtigen Zeitpunkt überhaupt leisten?" (Kühn 2016) führt zu einem besseren Verständnis und zu neuen Möglichkeiten der Annäherung.

BEISPIEL

Mittagstischregeln

Für F. gelten keine Mittagstischregeln. Sobald sich die Tür zum Essensraum öffnet, stakt er ohne nach links oder rechts zu gucken und ohne sich von irgendwem ablenken oder aufhalten zu lassen durch bis zur Theke und lässt sich sein Essen aushändigen. Danach setzt er sich mit seinem Tablett allein, mit dem Rücken zu allen anderen im Raum an einen leeren Tisch ganz vorne an der Kopfseite, starrt seinen vollen Teller an und wartet. Erst, wenn alles kalt geworden ist, schlingt er auch große Brocken nahezu unzerkaut in sich hinein. In Gesellschaft isst er nie.

Während sich alle Schüler der Klasse nach und nach an die Regel gewöhnten, dass wir beim Essen gemeinsam am Tisch sitzen, änderte F. sein isoliertes Essverhalten während seines zweijährigen Aufenthalts in der Klasse nicht. Diese und andere Regelmissachtungen und ausgeprägten Eigenarten hatten sich in anderen Schulen regelmäßig zu Dauerkonflikten ausgeweitet.

Warum verhalten sich einige Kinder und Jugendliche so provokant und für die Lehrkraft so nervenaufreibend? Warum werden mit ihnen Selbstverständlichkeiten des Schulalltags zu erbitterten Machtkämpfen, an deren Ende es nur Verlierer gibt? Wie ticken diese Schüler? Wollen sie einfach nur stören und ihren Willen durchsetzen oder können sie nicht anders? Jedes menschliche Verhalten ist ein „subjektiv problemlösendes" (Wittrock/Vernooij 2008). Aber welche

Sinnhaftigkeit soll in solchen oft selbstschädigenden Verhaltensmustern liegen? Und vor allem, was kann man konkret tun, um ungeeignete Lösungsstrategien durch sinnvollere zu ersetzen (Pütter 2008, 271)?

Bei Paul Moor (1965) finden sich für den Prozess der Beziehungsgestaltung und Entwicklungsbegleitung drei Leitsätze, die sinngemäß lauten:

- Wir müssen das Kind verstehen, bevor wir es erziehen.
- Nicht gegen den Fehler, sondern für das Fehlende.
- Nicht nur das Kind, auch seine Umgebung erziehen.

Moors Ansatz bildet einen prägnanten Gegenentwurf zu einer Pädagogik, die eher dem Slogan einer großen Baumarktkette folgt: „Was nicht passt, wird passend gemacht".

Durch die Entschlüsselung der Hintergründe lässt sich der „gute Grund" für abweichendes Verhalten erkennen, auch wenn sich vieles nur vermuten lässt (Ertle 2009). Aber das Aufblitzen von Ideen zu möglichen Ursachen bewirkt bereits einen Perspektivwechsel, der innehalten und aus der Situation heraustreten lässt. Eine wesentliche Voraussetzung für den Umgang mit Schülern, die nicht passen, ist daher „eine grundlegende, auf einen Verstehensprozess ausgerichtete Diagnostik" (Baumann 2015, 16).

Beobachtungen im Schulalltag sind immer wieder mit Rückblicken zu verbinden und auch die scheinbar aussichtslosen Zukunftsperspektiven sollten mitbedacht werden, da sie die gegenwärtigen Erfahrungen beeinflussen und sämtliche Situationen wesentlich prägen. Erst nach vollzogenen Lernprozessen sind Verhaltensänderungen möglich. Doch der Lehrer kann das Denken und Fühlen der Schüler nicht kontrollieren, sie müssen aus eigenem Antrieb ihr Verhalten ändern wollen.

Mit der Berücksichtigung der aktuellen Lebenssituation wird ein weiterer Aspekt des Verstehens einbezogen: Die Umwelt des Kindes und die Kontextabhängigkeit seines Verhaltens. Beschränkte man sich auf die Beseitigung der Symptome und die Kompensation unerwünschter Verhaltensweisen, würden wesentliche Sinnzusammenhänge ignoriert und ein unvoreingenommener und ergebnisoffener Zugang versperrt. Wenn „sich Interventionen auf spezifische Teilaspekte beschränken und der Blick auf das Kind oder den Jugendlichen auf diesen Teilaspekt reduziert wird" (Herz 2013, 9), verbleibt der spezielle Unterstützungsbedarf auf der sozialen Ebene in einer erziehungswissenschaftlichen Grauzone.

So rührte das Verhalten des Schülers F., der die Mittagstischregeln nicht einhalten konnte, wahrscheinlich daher, dass ihn seine drogenabhängige Mutter und ihre häufig wechselnden Partner als Kleinkind zu heiß gefüttert hatten. Deshalb durfte F. sein Ess-/Sozialverhalten nach dem Prinzip „Ungleiches wird ungleich behandelt“ weiter beibehalten, bis er das nicht mehr nötig hatte.

Das reflektierte Vorgehen der Lehrer, Unwesentliches so zu lassen, ist als Eingehen auf die Bedürfnisse des Schülers anzusehen und entspricht dem zweiten Grundsatz Moors: „Nicht gegen den Fehler, sondern für das Fehlende“ (Moor 1965). In diesem Sinne sollte man sich in vielen Alltagssituationen fragen, ob das abweichende Verhalten wirklich elementar wichtige Strukturen des Gemeinschaftslebens stört oder ob es integriert werden kann. Auch die Funktion einmal getroffener Entscheidungen, vorgegebener Strukturen, festgelegter Abläufe und Alltagsroutinen sollte immer wieder daraufhin überprüft werden, ob und inwieweit sie konstruktiv wandel- und verhandelbar sein könnten.

Allerdings sollten solche Überlegungen und Entscheidungen in der Regel nicht impulsiv und nach akuter Stimmungslage erfolgen, sondern einem inneren Disput unterzogen und mit Teampartnern abgesprochen werden. Um bei einem als überfordernd und/oder unzumutbar empfundenen Schülerverhalten dennoch beziehungs- und handlungsfähig zu bleiben, sorgt eine reflektierte Einstellung zum eigenen Erleben für innere Sicherheit und eine flexible Intuition. Außerdem wirkt die Vorstellung, in dem fortwährenden diagnostischen Prozess aus Beobachtung, Neubewertung, Veränderung und Anpassung von entwicklungsbegleitenden Interventionen die Veränderung des Schülers nicht erkämpfen zu müssen, stark entlastend.

2.2 Selbstwahrnehmung, Selbstwirksamkeit und Selbstfürsorge

Ein intensivpädagogisches Arbeitsfeld ist in der Regel ein hochkomplexer Ort voller Konflikte und Schwierigkeiten, wenn es auch manchmal schöne und friedliche Momente gibt. Sich immer wieder auf unerwartete Situationen und Probleme einlassen zu können, erfordert eine hohe Flexibilität und Offenheit, die Kenntnis verschiedenster Interventionsmöglichkeiten und das Wissen um Mittel zur eigenen Absicherung. Nicht immer stehen für diese Arbeit alltagstaugliche Handlungskonzepte und geeignete methodische Vorgehensweisen zur Verfügung. Oft sind Lehrkräfte durch die kontinuierliche Verantwortung für situativ auftretende emotionale Regulierungsnotwendigkeiten massiv unter Druck. „Massiv störende Verhaltensweisen von Schülern können zu Hilflosigkeit, zu Machtkämpfen und/oder Resignation führen“ (Baumann et al. 2017, 133).

Auch was Lehrer an Verstörendem aus dem Leben der Schüler erfahren, kann, wenn sie sich empathisch damit auseinandersetzen, unter Umständen ähnliche Wirkungen auslösen, als wäre es ihnen selbst widerfahren. Nach Kühn leiden die Betroffenen dann unter einer „sekundären Traumatisierung“, die aus nicht bewältigten Fremderfahrungen resultiert (Kühn 2016). Das geht auf Kosten von Motivation, Nervenkraft und Gesundheit, obwohl die Durchführung eines intensivpädagogischen Angebots eigentlich Präsenz, Fitness, Vitalität, Kreativität, Humor und Widerstandskraft verlangt. Die generelle Unsicherheit und Überforderung wirken sich noch gravierender aus, wenn ein geeignetes Konflikt- und Krisenmanagement fehlt und die Rückendeckung durch Schulleitung und/oder Kollegium.

Selbstwahrnehmung: Sind wichtige Grundvoraussetzungen für befriedigende und sichere Arbeitsbedingungen nicht gegeben, geraten Lehrer in einen Konflikt zwischen ihrem professionellen Selbstverständnis und den tatsächlichen Möglichkeiten zur (Wieder-)Herstellung eines fördernden Unterrichtsklimas.

Dabei geht es weniger um Wünsche oder um Forderungen an die Außenwelt. Es geht vielmehr um eine innere Sicherheit, die aus dem Bewusstsein für die eigenen Präferenzen, Fähigkeiten, Fertigkeiten und Ressourcen erwächst, aber auch für die eigene Begrenztheit, und um die Bereiche, in welchen der Lehrer von interdisziplinärer und/oder kollegialer Unterstützung und Personen aus dem Umfeld seiner Schüler profitieren kann. Wichtig ist jedoch auch, die eigene Selbstwahrnehmung zu prüfen. Eine Auseinandersetzung damit kann auch dazu führen, sich für eine Verbesserung der Strukturen und Rahmenbedingungen zu engagieren und Forderungen an die Zuständigen zu formulieren.

Selbstwirksamkeit: Mit der Klärung der Frage „Was kann ich gut?“ erledigen sich Wunschvorstellungen oft von selbst. Eine erfolgreiche Arbeit mit positiver Resonanz führt zu einem besseren Umgang mit Problemen und Störungen, auch wenn es dabei Widerstände, Zweifel und Durststrecken gibt. Die Intuition für angemessenes pädagogisches Handeln lässt sich nur durch Ausprobieren, Wagen, Riskieren schulen. Indem man lernt, Gruppenprozesse immer ein bisschen intensiver und verwegener anzulegen und zu steuern und dabei kompromissbereit und konfliktfähig zu bleiben, stellt sich Selbstwirksamkeit ein.

Selbstfürsorge: Emotionen wie Hilflosigkeit, Ohnmacht und Wut gehören eigentlich nicht zum professionellen Selbstverständnis eines Lehrers, und anders als im psychotherapeutischen und traumapädagogischen Bereich werden in der Lehreraus- und -fortbildung Methoden der Selbstfürsorge (Baumann

2015; Zimmermann 2016) und der Psychohygiene (Hölter 2008) nur nachrangig vermittelt und sind in der Ausbildung nur ganz selten Teil des Curriculums.

Doch nach Baumann (2015) gehören neben einer besonderen Belastbarkeit und der Fähigkeit, Stress zu reduzieren, die Aneignung von Kompetenzen im Bereich des Self-Care, der Deeskalation und der Abgrenzung von Übertragungen zu den absoluten Basics der Intensivpädagogik. Arbeitsüberlastung, Angst, Abwehr fressen nicht nur Energie, sondern haben überdies die Eigenschaft, Lernerfahrungen zu verhindern, indem sie den Prozess der Mentalisierung blockieren.

Mentalisierung bedeutet, sich selbst von außen und den anderen von innen zu sehen, also eine reflektierte Distanz herzustellen. Diese Fähigkeit geht unter Stress verloren (Kühn 2016; Dupont 2016). Wer selbst nicht sicher ist, kann auch keine Sicherheit vermitteln. Nur „stabile, sichere Mitarbeiter" können nach Kühn in Krisensituationen stabilisieren und deeskalieren. Um entsprechend agieren zu können, müssen Lehrer eine Wertschätzung ihrer Arbeitsleistung und Persönlichkeit erfahren und stressreduzierende Verfahren und Rahmenbedingungen entwickeln oder gestalten dürfen.

Nach einem Beitrag der Bundeszentrale für gesundheitliche Aufklärung ist es für Menschen generell wichtig, eine Welt zu schaffen, die konsistente Erfahrungen ermöglicht und für Belastungsausgleich sorgt (BZgA 1998). Diesem Anspruch genügen die Arbeitsbedingungen in Schule von sich aus nicht, man muss sich selbst darum kümmern.

Unerlässlich sind eine kontinuierliche Bilanzierung und Ausbalancierung von Belastung und Entlastung sowie eine Grenzziehung, wenn man als Einzelperson nicht weiterkommt oder nicht genügt. Das Erkennen und Ziehen von Belastungsgrenzen basiert auf Selbstwertgefühl, Selbstverständnis, Selbstsicherheit und Selbstverpflichtung aber auch auf dem Rückhalt durch pädagogische Geschlossenheit mit Kollegen und/oder Unterstützungssystemen.

2.3 Schwierigkeiten annehmen, Halt geben, Grenzen setzen

Scheitern und Versagen sind mit vielschichtigen negativen Emotionen wie Angst, Wut und Scham verbunden. Die Erfahrung von Machtlosigkeit, Unfähigkeit, Schuld usw. kann fatale Auswirkungen auf das Selbstwertgefühl haben und die Lebensqualität stark einschränken. Dies gilt für Schüler wie Lehrer, denn schulisches Scheitern ist beiderseitiges Scheitern, das Scheitern von Schülern und das Scheitern von Schule, Helfersystemen und Pädagogen. Sich diesem

Problemkomplex zu stellen, ist mit dem Risiko verbunden, sich in Negativ-Spiralen verstricken zu lassen und ebenfalls zu scheitern. Und weil eine Offenbarung von Schwierigkeiten mit Schülern womöglich bei Erziehungsberechtigten und Kollegen den Eindruck erweckt, der Lehrer habe seine Klasse nicht im Griff, ist es gewissermaßen tabu.

Da die meisten Schüler keine spannungsgeladenen Situationen mögen und ungern mit befremdlichem und bizarrem Verhalten von Mitschülern konfrontiert werden, haben permanente Abweichungen meistens negative gruppendynamische Prozesse zur Folge: Distanzierung, Anfeindung und Ausgrenzung bis hin zu Übergriffen und Gewaltanwendung. So entstehen fortwährende Konfliktherde, die für ein konstant instabiles Klassenklima sorgen.

Dabei sind es nicht nur heftige Eskalationen, die den Lehrer belasten. Auch monotone Verzagtheit, Schwänzen, Entwicklungsverweigerung und Selbstverletzungen sind Phänomene, die täglich neu angegangen werden müssen.

Was also kann man tun, um nicht auch zu scheitern und um eine Einbindung von Schülern mit oft unerträglichen Inszenierungen und extremen Bewältigungsmustern herzustellen?

Zunächst und auch langfristig hilft es, die vorhandenen Schwierigkeiten als gegeben hinzunehmen, den Schüler und seine Verhaltensweisen zur Kenntnis zu nehmen und sich zu sagen: Okay, das ist also deine Art, deine Umwelt darauf hinzuweisen, dass du mit irgendetwas nicht zurechtkommst.

Eine würdigende Beachtung des verborgenen Sinns (Ertle 2009) und das Verständnis für die Lebensgeschichte liegen der Haltung zugrunde, die den Schwierigkeiten der Schüler Spielräume öffnet und ihnen die Möglichkeit lässt, anders zu sein. Dabei ist das jeweils passende Gewähren von Freiräumen und die Setzung von Grenzen ein schwieriger Balanceakt.

Gleichzeitig gilt es zu ergründen, was den Schüler blockiert und worauf er anspricht, und ihn beharrlich Angeboten auszusetzen, die sich zur Unterbrechung seiner speziellen Verhaltensmuster eignen könnten. Er muss gar nicht direkt dabei mitwirken. Es reicht, wenn er zunächst nur zugegen ist und die Angebote mitbekommt. Bei Schülern, die bereits Blicke und Beachtung als Bedrohung empfinden, dauert es allerdings meist sehr lange, bis sie sich irgendwann in Richtung einer kleinschrittigen Beteiligung aufmachen.

Maßgeblich ist, dass Kinder und Jugendliche einen haltenden Rahmen und Menschen vorfinden, die ihnen nicht nur ein gutes und konsequentes Gegenüber sein wollen, sondern die ihre massiven Inszenierungen verstehen und ihnen auch psychisch gewachsen sind (Ahrbeck/Rauh 2006).

Der Ansatz, Schwierigkeiten anzunehmen geht davon aus, dass die meisten Schüler, auch Schulschwänzer, eigentlich etwas leisten und beachtet werden wollen, weil Sicherheit, Zugehörigkeit und Anerkennung zu den menschlichen

Grundbedürfnissen gehören. Obwohl sie oft rebellieren, schätzen Kinder und Jugendliche eigentlich „haltgebende Lebenswelten“ (Speck 1997) und erkennen es an, wenn Pädagogen bereit sind, sich mit ihnen auseinanderzusetzen, Bedingungen stellen, Konflikte eingehen, mit Fehlverhalten konfrontieren und Konsequenzen einfordern (Baierl 2014). Halten, Widerstand und das Setzen angemessener Grenzmarkierungen kann nach Heinemann (Heinemann/Hopf 2015) verschiedene Bedeutungen annehmen:

- Halten im Sinne einer schutzbietenden Hülle durch die Schaffung passender Rahmenbedingungen,
- Aushalten nervenraubender Episoden,
- Festhalten am Vereinbarungsrahmen gegen Manipulationsversuche und Umdeutungstendenzen,
- Halt geben, z.B. bei Verlusterlebnissen und Behinderungsverarbeitungen,
- und ein Halten in Form einer abrupten Grenzziehung – ein Halt-Stopp-Zeichen bei Gefährdungen zur Unterbrechung (Zapke 2018).

2.4 Kontextbezug – Arbeit mit Bezugspersonen, Netzwerkarbeit und interdisziplinäre Kooperation

Die Biografien und sozialen Beziehungen der Kinder und Jugendlichen weisen oft von früher Kindheit an Erlebnismuster (Opp/Otto 2016) auf, die „durch ein hohes Maß an Unzuverlässigkeit und Unsicherheit, Vernachlässigung und Gewalt, Versagungen und Enttäuschungen“ (Ader/Schrapper 2004, 438) gekennzeichnet sind.

Diese Kontextabhängigkeit ist allgegenwärtig und nicht aufzulösen, denn Verhaltensstörungen beruhen häufig auf dem Zusammenwirken von seelischer und materieller Deprivation, (psychischen) Erkrankungen, Sucht, Tod und anderen Multiproblemlagen in den Herkunftsfamilien (Herz 2013).

Dennoch bleibt die Herkunftsfamilie „zentraler Bezugspunkt des jungen Menschen, und je erfolgreicher hier eine Verbesserung der Kommunikation erarbeitet werden kann, umso mehr Entwicklungschancen hat der junge Mensch auch für seine weitere Zukunft“ (Baumann 2015, 21). Zur pädagogischen Beziehungsarbeit gehört somit der Umgang mit ständig wechselnden, höchst unterschiedlichen Kontexten der außerschulischen Lebenswelten der Kinder und Jugendlichen. Dabei gestaltet sich die Arbeit mit erziehungsberechtigten Bezugspersonen im Bemühen um gegenseitiges Verstehen und Vertrauen oft als ein Balanceakt.

Häufig sind die Lebensverhältnisse auch so prekär und desorganisiert, dass konstruktive Unterstützungsmaßnahmen und eine eigene Entlastung nur möglich sind, wenn es gelingt, ein funktionierendes Netzwerk aufzubauen, Zuständigkeiten abzuklären, sämtliche möglichen Ressourcen zu nutzen und interdisziplinäre Kooperationen einzugehen.

BEISPIEL

Dünnhäutig

(Schüler L, 14 Jahre, dem völlig klar sein müsste, dass er mit seinem Kickboard nicht im Klassenraum herumfahren darf)

„Was gucken Sie so, ist was? Was hab ich jetzt schon wieder gemacht? Lassen Sie mich in Ruhe! Sprechen Sie mich nicht an! Immer ich! Gehen Sie weg! Können Sie nicht einfach sterben? Müssen Sie mich immer provozieren? Sie brauchen gar nichts zu sagen, ich hör nicht auf Sie. Was wollen Sie? Ich habe doch gar nichts gesagt, Sie haben angefangen! Halt die Fresse! Fresse halten, hab ich gesagt. Fassen Sie bloß mein Kickboard nicht an! Sie dürfen nicht an meine Sachen gehen! Und wenn, ich zeige Sie an!“

Als hätte er einen Schalter umgelegt, sitzt er ein paar Minuten später wieder fröhlich pfeifend am Tisch, dreht an seinem Zauberwürfel und verhält sich freundlich und zuvorkommend.

Schüler L. z. B. kann von einer pädagogischen Unterstützung allein nicht profitieren, da er mittelgradig depressive Episoden kombiniert mit einer Störung des Sozialverhaltens zeigt. Inzwischen befindet er sich durch die Kooperation der Klassenlehrer, der erziehungsberechtigten Mutter und einer Klinik in kinder- und jugendpsychiatrischer Behandlung.

Die Zusammenarbeit der verschiedenen Institutionen wie Schule, Kinder- und Jugendpsychiatrie, Kinder- und Jugendhilfe, Arbeitsagentur, Jugendstrafvollzug und weiterer Institutionen und Beratungsstellen ist allerdings oft mühsam und wenig auf die tatsächlichen individuellen Bedürfnisse und Erfordernisse des Kindes/Jugendlichen abgestimmt. Das zirkuläre Zusammenwirken der einzelnen Zuständigkeiten ist vor allem durch immer wieder auftretende Probleme, Koordinationsdefizite und Delegationsketten charakterisiert (Fegert 2011).

Ausgerechnet Klassenlehrer und Sozialpädagogen, die Erwachsenen, die oft am meisten Zeit mit den Kindern und Jugendlichen verbringen und dementsprechend viel über sie erfahren, haben deutlich eingeschränkte Befugnisse und Eingreifmöglichkeiten (Baierl 2014) und sind auf die Hilfe anderer Dienste angewiesen. Nur in Abhängigkeit von vielfältigen Kriterien oder in akuten Notfallsituationen ist eine direkte Einflussnahme möglich. Grundsätzlich aber bleibt es für den Aufbau und Erhalt kontinuierlicher und verlässlicher Beziehungen und das Gelingen eines Entwicklungsbegleitungsprozesses unerlässlich, die meist selbst hoch belasteten Bezugspersonen der Schüler einzubeziehen, gemäß Moors drittem Leitsatz, nicht nur das Kind, auch seine Umgebung erziehen. Diese Vorgehensweise ist zwar äußerst aufwendig, störanfällig und oft personenabhängig, doch nicht durch andere intensivpädagogische Handlungsschritte zu ersetzen.

3 Ziele, Möglichkeiten und Grenzen intensivpädagogischen Handelns

Die intensivpädagogische Arbeit mit dem Ziel einer gemeinsamen Passung durch einen flexibleren Umgang miteinander muss sich langfristig in der Realität des Schulalltags bewähren, und so stößt kreative Experimentierfreude immer wieder auf übergeordnete Fragen der Praxis und an die Grenzen der Möglichkeiten.

Dabei sind verschiedene Fallstricke zu berücksichtigen und Stolpersteine zu umgehen. Es braucht nicht nur Durchhaltevermögen bei langwierigen, kleinschrittigen Veränderungsprozessen, sondern immer auch Reflexion und klare Grenzsetzung. Zwar kann schon das Bereitstellen einer hinreichend guten und haltenden Lernumgebung für Schüler und Lehrpersonen stark entlastend wirken, doch handelt es sich womöglich nur um „die Ruhe vor dem Sturm“. Verhaltensauffälligkeit und Interaktionsstörungen ändern oft nur ihr oberflächliches Erscheinungsbild und verschwinden nicht einfach. Wenn Pädagogen darauf nicht vorbereitet sind und ihren eigenen Rettungswünschen unterliegen, treffen die vermeintlichen Rückschläge sie umso härter.

Immer wieder aber gibt es Kinder und Jugendliche, deren Situation sich als so vertrackt darstellt, dass es für sie keine passenden Lösungen zu geben scheint. Aber auch für sie muss Schule ein zentraler Lebensort sein und ihnen eine positive Entwicklung und eine halt- und kontinuitätsgebende Struktur ermöglichen.

3.1 Grundlegendes zur Entwicklungsbegleitung

Im Umgang mit Verhaltensstörungen hat der schulische Alltag in mehrfacher Hinsicht von allem zu viel auf einmal. Es ist zu laut, zu unübersichtlich, zu instabil und um das Chaos zu beheben, wird zu hastig durchgegriffen. Selbst bei guter Vernetzung mit interdisziplinären Kooperationspartnern und der Nutzung gegenseitiger Strukturen verfügen Schulen oft nicht über die pädagogischen Handlungs- und Einflussmöglichkeiten zur Unterbrechung der störenden Abläufe und Mechanismen. Es ist dann schwierig, einen belastbaren Rahmen zu schaffen, denn bis Hilfen zum Tragen kommen, bestehen in der Regel lange

Wartezeiten. Währenddessen randalieren, ritzen oder schwänzen die Kinder und Jugendlichen im Schulkontext weiter und eine kurzfristige Lösung kommt erst einmal einer Erlösung gleich. Dabei haben sich die diversen Verhaltensauffälligkeiten über lange Zeiträume gebildet und manifestiert, sind manchmal schon von Geburt an vorhanden und erfüllen existenzielle Funktionen des emotionalen Überlebens. Aber selbst an Förderschulen erlaubt der Zeitdruck meist nicht, erst einmal abzuwarten, ob die positive Entwicklung auch unter anderen Rahmenbedingungen und Settings Bestand haben kann.

Förder- und Regulierungsmaßnahmen durch die Lehrpersonen führen oft nicht zur beabsichtigten Verhaltensänderung. Bis heute ist die Institution Schule insgesamt durch die Tradition geprägt, „Schülerinnen und Schüler an den Unterricht anzupassen – nicht umgekehrt“ (Irle 2019, 23). Aber der Schüler kann sich seiner Erziehung und Förderung entziehen und der Lehrer kann ihn trotz aller Bemühungen nicht erreichen und in eine „Förderfalle“ geraten. Dieser Aspekt wurde bei Untersuchungen zur Arbeitsbelastung von Lehrern als stärkster Belastungsfaktor angegeben: Lehrer haben den Eindruck, den eigenen Ansprüchen an eine gute Pädagogik und an eine hinreichend gute Förderung nicht gerecht werden.

Im folgenden Beispiel werden eine solche konflikthafte Verstrickung und ihre Behebung durch eine ungewöhnliche Intervention umgangen:

BEISPIEL

Mathe so, wie ich es will

S. zerstörte alle Arbeitsblätter, bzw. ließ sie verschwinden, sobald darauf Ziffern und Zahlen zu sehen waren. Auf die Frage, wie wir denn in Zukunft gemeinsam mit der Mathematik umgehen sollen, rief er aufgebracht: „Okay, dann mache ich halt Mathe, aber nur so, wie ich es will!“ Von da an bearbeitete er seitenweise Mathematikaufgaben und alle waren falsch.

Als er mir wieder einmal ein Arbeitsblatt mit lauter falschen Ergebnissen reichte und meinen kritischen Blick bemerkte, ranzte er mich an: „Ja wie? Hab ich doch gesagt, so wie ich es will.“ Ich sagte nur: „Ja, aber wenn das dein Geld wäre, würdest du das überhaupt nicht so wollen. Es ist schon ein Unterschied, ob man 30200€ hat oder nur 3200€. Also, ich würde das überprüfen können wollen und nicht nur einfach das nehmen, was man mir gibt.“ S. beugte sich über sein Arbeitsblatt und fragte nur: „Wo?“.

Die Veränderungsidee wird verlagert und ein anderer Ansatz zum Umgang mit gewünschten und unerwünschten Aspekten gesucht. Indem diese paradoxe Intervention das unübliche Vorgehen beim Rechnen als „normales" Schülerverhalten behandelt, nimmt sie das Bedürfnis nach Selbstbestimmung, Selbstverwirklichung und Selbstverantwortung des Schülers auf und knüpft zudem an seine speziellen Fähigkeiten an. Der Schüler zeigt ja ein gutes Arbeits- und Leistungsverhalten sowie Durchsetzungsvermögen und Ausdauer, nur eben auf seine Art.

Realistisch betrachtet werden Schüler, die sich von sich aus nicht verändern wollen oder können, das auch nicht tun. Alle Bemühungen des Lehrers von außen auf sie einzuwirken, werden zu einer Sisyphusarbeit oder führen zu erbitterten Machtkämpfen. Der optimistische Ansatz hingegen konzentriert sich mehr auf Begleitaspekte und Handlungsspielräume und erkennt das Potential darin: Die Förderung spezifischer Interessen, Begabungen und Fähigkeiten. Diese haben zwar oft nur sekundär mit der aktuellen Schul- und Unterrichtssituation zu tun, tragen aber zur Entwicklung der Eigenverantwortung und Selbstwirksamkeit der Schüler bei.

Letztlich geht es bei der Entwicklungsbegleitung darum, die Balance zwischen den realistischen Möglichkeiten pädagogischen Handelns und den individuellen Bedürfnislagen der Schüler zu finden. Dazu gehört zunächst einmal die grundsätzliche Fähigkeit, dem anderen sein Anderssein zu verzeihen oder es zumindest auszuhalten. Dann muss entschieden werden, was situativ ansteht. Denn die Intervention wird unterschiedlich ausfallen, je nachdem wieviel Freiräume und wieviel Grenzsetzung der jeweilige Schüler benötigt. Nach dem Prinzip „Ungleiches wird ungleich behandelt", können strikte Anforderungen gestellt und durchgesetzt werden oder der Schüler kann aus verschiedenen Angeboten eine Auswahl treffen. Eventuell ist auch gesteuertes Gewährenlassen möglich.

3.2 Die Möglichkeit, anders zu sein, als pädagogisches Prinzip

Allen Schülern, die nicht passen, ist gemeinsam, dass sie in Gemeinschaften nicht zurechtkommen, weil sie ihren inneren Mustern und Wiederholungszwängen folgend immer wieder die gleichen selbstschädigenden Verhaltensweisen zeigen. Das individuelle Anderssein zu erfassen und zu benennen, ist allerdings nicht einfach. Nach Bröckelmann (2018) birgt der derzeit die Sonderpädagogik dominierende Leitblick mit seiner ressourcenbetonenden Ausrichtung die immanente

Gefahr, die Dimensionen vorhandener Defizite und psychischer Störungen nicht deutlich genug auszuweisen. Dies geschieht zwar zur Vermeidung von Stigmatisierungen, ist aber oft nicht hilfreich, weil es nur möglich ist, Schwieriges anzunehmen und angemessen damit umzugehen, wenn man darum weiß.

Der Ansatz des Spielens wirkt, angesichts der Schwere der Beeinträchtigungen und Belastungen, vergleichsweise profan oder sogar läppisch, kann aber einen Brückenschlag leisten, indem die Möglichkeit, anders zu sein, aufgegriffen und mit dem Anderssein anders umgegangen wird als sonst üblich. Jeder Schüler hat, unabhängig von Verhalten und Werdegang, das Recht, anders zu sein und als Person ernst genommen und wertgeschätzt zu werden. Er sollte mit seinen Verhaltensweisen zunächst so angenommen und akzeptiert werden, wie er ist, auch wenn er während des Unterrichts unter dem Tisch sitzt und bellt.

Das Ziel ist nicht die Veränderung der Persönlichkeit, sondern die Veränderung seines Verhaltensrepertoires. Hilfreich sind dabei Druckabbau und Rückzugsmöglichkeiten. Was als Unaussprechliches auf der einen Seite den Schulalltag überschattet und nicht zu integrieren ist, äußert sich auf der anderen Seite vielleicht als Singsang in einem nicht altersadäquaten Kinderspiel. Den teilweise hoch belastenden traumatischen Erlebnissen stehen Unbefangenheit und ungetrübte Ausgelassenheit gegenüber. Da im Spiel grundlegende soziale Kompetenzen benötigt und erworben werden, ist Spielen in der Schule kein Zeitvertreib, sondern ein emotional-sozialer Prozess und Kern der Arbeit.

BEISPIEL

J. ist anders

Er hat fast schwarze Haare, einen dunklen Teint, dazu ganz helle Augen, die immer strahlen, und auch sein Kleidungsstil hat eine intensive Farbigkeit. Er ist hochintelligent und durchschaut komplizierte Sachverhalte und Strategien seines Gegenübers auf Anhieb; macht aber nur, worauf er Lust hat und alles auf seine Art.

Wenn etwas sein Interesse weckt, ist er spontan in einem Sog gefangen. Er wirkt wie getrieben und ist auch durch Ansprache und Rufe kaum noch erreichbar. Von seiner Tätigkeit kann er nicht ablassen, bis er den Punkt der Fertigstellung erreicht hat, der ihn zufrieden stellt.

Wenn ihn etwas langweilt oder ihm unsinnig erscheint, mimt er den Irren und überdehnt z.B. beim Lesen alle Vokale, beim Sprechen nuschelt und gestikuliert er bis zur totalen Unverständlichkeit und macht eigenartige Flugübungen und Motorgeräusche beim Laufen.

Sein Verhalten gegenüber Mitschülern äußert sich dann als beängstigend rabiat und nicht kalkulierbar. Deshalb wird er von den meisten zunächst offen abgelehnt und ein weiterer Umgang mit ihm vermieden.

Erst dadurch, dass sich beim Spiel „Armer schwarzer Kater" überraschend seine schauspielerischen Qualitäten mit grotesken Tanzeinlagen herausstellten, erreichte er ein gänzlich anderes Ansehen. Immer wieder wurde in der Morgenrunde das Spiel gewünscht und J. gebeten seine „Körperbewegungen" noch einmal einzubringen. Manchmal reichte es aber schon, wenn er nur seinen innigen Blick in die Runde schweifen ließ, und alle fingen an zu lachen. Seitdem ist er auch in anderen Zusammenhängen ein gefragter Mitspieler und ihm wird einiges nachgesehen.

In einem Klima mit der Möglichkeit, anders zu sein, kann es allerdings auch vermehrt zu Impulsdurchbrüchen kommen. Denn unter den eher ruhigen Rahmenbedingungen eines fürsorglichen Schonraums kommen vor dem Hintergrund der Symptomebene tieferliegende Schichten zum Vorschein, die im vorher gezeigten Verhaltensmodus nicht erkennbar waren. Oft sind es gerade harmonische Situationen, die plötzliche Gefühlsdiffusion und Kettenreaktionen verursachen. Ursache und Auslöser sind den Schülern meistens nicht bewusst. F. konnte den Zusammenhang erinnern und erklären:

BEISPIEL

Spinatnudeln

F.s Verhalten hatte sich seit seinem Neubeginn in der Klasse stark verbessert und aus dem ehemaligen Schulvermeider war ein beliebter, zuverlässiger Teilnehmer geworden, der viel und eloquent redete. Doch zwei Male, als beim gemeinsamen Kochen eine Kombination aus Nudeln und Spinat vorbereitet wurde, rastete F. aus. Dann erschrak er, fing an, hemmungslos zu weinen und verließ fluchtartig das Schulgebäude.

Erst einige Zeit später konnte er darüber sprechen und es stellte sich heraus, dass er, seine Mutter und seine Geschwister von seinem Vater abwechselnd immer wieder schwer misshandelt und danach in den Keller gesperrt wurden. Manchmal mussten die Kinder die Vergewaltigung der Mutter mit ansehen. Ab und an war der Vater in einer versöhnlichen Stimmung und in Gönnerlaune. Dann versammelte er seine Familie um sich herum an den Tisch und es gab Spinatnudeln.

3.3 Aspekte gelingender Zugänge

Verhaltensstörungen sind meist (ver-)störend, ziehen viel Energie ab und sprengen mit ihrer Wucht und Destruktivität die schulischen Rahmenbedingungen. Ein wesentlicher Aspekt der Intensivpädagogik ist daher, von störenden und abweichenden Verhaltensweisen auszugehen und bereit zu sein, sie auszuhalten. „Aktives Aushalten" versteht sich aber nicht als klagloses Ertragen unerträglicher Zustände, sondern wird als eine Einstellung definiert, die sich um eine halt- und kontinuitätsgebende Entwicklungsbegleitung bemüht. Die pädagogische Antwort auf verhaltensauffällige Schüler sollte daher zugewandt und entwicklungsoptimistisch sein und den Verhaltensweisen ermutigende, korrigierende Erfahrungen entgegensetzen.

Die spiel- und bewegungsorientierte Arbeit bietet dazu keine gänzlich neuen Erkenntnisse und speziellen pädagogischen Interventionen an, allerdings den Schwerpunkt der gegenseitigen Passung. Mit didaktisch-methodischem Geschick und durch Akzentuierung, Verdichtung und Konzentration von Lernumgebungsbedingungen werden vorwiegend Interventionen angewandt, die das Potential haben zu gelingen. Hinzu kommt, dass die Zugänge die Möglichkeit bieten, Schüler aus ihren gewohnten Vorgehens- und Verhaltensweisen herauszubringen und ihnen die Vergleichsmöglichkeiten mit bekannten Situationen zu entziehen. Diese Verfremdung geschieht mit der Absicht, dass sie sich, ohne es zu merken, zusammen mit anderen, angstfrei auf „unbekanntem Terrain" bewegen und Veränderungsprozessen aussetzen (Zapke 2018).

Als „Inszenierung und Rahmung von für die Lernenden **selbst** relevanten Entdeckungskontexten" (Klepacki/Zirfas 2009, 118) ist eine Umgebung mit Werkstatt- oder Atelieratmosphäre günstig. So kann ganz viel nebeneinander und nebenbei passieren und entstehen. Winnicott (1973) hat darauf hingewiesen, dass man Dinge liegen lassen muss, damit die Kinder die Gelegenheit haben, sie selbst zu finden. Individuelles „Selberfinden" ist ein wesentlicher und lebendiger Vorgang. Die Intensivität eines eigenen Zugangs berührt und es kann ein kreativer Funke auf Mitschüler überspringen. Lernblockaden werden in gemeinsamen Spielprozessen umgangen, verändert oder aufgelöst. Die wechselseitige Impulsgebung und die Integration passender Elemente in die eigene Ausdrucksform bieten Möglichkeiten der Veränderung. Dabei sind auch schwierige Abgrenzungssituationen mit latenten Widersprüchen impliziert, die für die Schüler eine Herausforderung bedeuten: Bei sich selbst bleiben, fokussieren, reagieren, offen sein und zugleich das ausblenden und zurückstellen, was stört oder unwesentlich ist. Denn die Erfahrung eines umgänglichen gelingenden Miteinanders geht nicht nur mit Wohlgefühl, Entspannung und Erholung einher, sondern hat immer auch mit Widersprüchen, Spannungen, Missstimmungen und Konflikten zu tun. Doch ist die Entwicklung einer Ambiguitätstoleranz eine wesentliche Grundlage der Identitätsbildung und des menschlichen Zusammenlebens. Veränderung kann nur entstehen, wenn Fremdes, Andersartiges, Unerwartetes erfahren werden kann, ohne dass es abgewehrt und bekämpft werden muss (Zapke 2018).

3.4 Rahmenbedingungen und Settings in der Schule

Neuanfänge sind schwer. Fließende Übergänge sind dabei sehr erleichternd. Kennen einige Teilnehmer schon die Abläufe, den pädagogischen Ansatz, Rituale und Regeln, geht vieles besser voran. Dann können Schüler ihre Mitschüler unterweisen:

BEISPIEL

Neuanfang

J. hat seinen ersten Schultag und ist einer der jüngsten Schüler. Er redet pausenlos mit schnellen Wechseln der angesprochenen Personen und zu nicht zusammenhängenden Sachverhalten.

Als wir vom Essen kommen und die Gesamtgruppe auf dem Podest und auf der Treppe steht und darauf wartet, dass die Tür zum Klassenraum aufgeschlossen wird, hält er laut und betont deutlich eine extrem übersexualisierte Ansprache. Keiner reagiert darauf. Er setzt wieder an und will noch verstärken, da wird er von einem älteren, erheblich größeren Mitschüler ruhig unterbrochen: „Ach, weißt du, so einen hatten wir hier schon mal. Der hat auch so gesprochen wie du. Das hat ihm aber nichts gebracht. Er hat's dann gelassen." J. schluckt, guckt ganz erstaunt und lässt es auch bleiben.

Die Prinzipien eines geeigneten intensivpädagogischen Bedingungsrahmens orientieren sich nach Baumann (2015) an den zentralen Fragen, wie Hilfe für den Jugendlichen so gestaltet werden kann, dass er sie für sich als passend erleben kann und nicht mehr gegen sie ankämpfen muss. Und wie ein Setting so ausgerichtet werden kann, dass alle anderen Betroffenen (Erwachsene wie auch ggf. der Sozialraum und andere Kinder) dieses aushalten können. Der Unterstützungsbedarf des Schülers und die Belastbarkeit des Klassensettings sind bei der Betrachtung und Ausgestaltung der Rahmenbedingungen gleichrangig.

Für den Schüler soll die Entwicklungsbegleitung so gestaltet sein, dass er sie für sich als passend erleben und annehmen kann. Gleichzeitig sollte das Klassensetting für alle anderen Betroffenen (Mitschüler, Integrationskräfte und Lehrer) auszuhalten sein.

Grundlegende soziale Kompetenzen und Angstfreiheit sind Voraussetzung für gelingendes Lernen und Schulerfolg. Emotionale und soziale Entwicklung haben demnach absoluten Vorrang vor Lernzielen einzelner Fächer. Denn diese können bei einer positiven Entwicklung in der Regel weitaus besser nachgeholt werden, als wenn man versuchen würde, sie vor einer entsprechenden Nachreifung zu vermitteln.

Alltagskompetenzen sollen möglichst auch in alltagsnahen Situationen gelernt werden und Gruppenkompetenzen möglichst in Gruppensituationen. Daher sind alltägliche Gruppenaktionen wie Einkaufen, gemeinsames Kochen und Essen, Busfahren, Schwimmen gehen, das Aufsuchen öffentlicher Orte und Institutionen kein Selbstzweck, sondern Teil des Lern- und Entwicklungsprozesses. Oft sind die Möglichkeiten vieler Schüler, sich selbst zu beschäftigen oder mit anderen gemeinsam etwas zu unternehmen, stark eingeschränkt. Daher sollte ein breites Angebot aus Spiel, Sport, Kunst, Musik und Medien bestehen, das immer auch mit Raum, Zeit und Unterstützung durch Erwachsene verknüpft ist. Um mobiler zu werden, sollte Selbstständigkeit wie die Nutzung öffentlicher Verkehrsmittel außerhalb der gewohnten Strecken trainiert werden.

Durch das Aufzeigen und Ausprobieren von Handlungsalternativen in konkreten Situationen kann schulischen Anforderungen anders begegnet werden als durch fortwährendes Vermeiden, Verweigern und Versagen. Denn in alltäglichen Lernsituationen entstehen Eigenverantwortlichkeit, Selbst- und Mitbestimmung. Diese werden zunehmend eingefordert. Rahmenbedingungen und Setting können als geeignet gelten, wenn Entwicklungsbegleitung und Unterbrechung der systematisch negativen Entwicklungsverläufe gelingen.

3.5 Fallbeispiele für typische Stolpersteine und beispielhafte Lösungen

Die zentralen Einflussgrößen zum Aufbau und zum Halten förderlicher Beziehungen zu den Schülern sind der Lehrer selbst sowie die Strukturierung der Lernumgebung und des Unterrichtsprozesses. Misslingt es allerdings, Kinder und Jugendliche, die in Gruppenzusammenhängen gar nicht zurechtkommen, bei ihrer Integration zu unterstützen, müssen die pädagogischen Bemühungen keineswegs verstärkt, sondern analysiert und verändert werden. Bei der Analyse des Schülerverhaltens stößt man häufig auf paradoxe Durchführungswiderstände und/oder Grenzen von Entwicklungsmöglichkeiten. Bei der Analyse des Lehrerverhaltens womöglich auf Wunschvorstellungen und Mythen, die den Blick auf die äußere Realität trüben und mit Missverständnissen und Fehlannahmen einhergehen, wie: Der Schüler leidet unter seiner Situation und möchte sie verändern.

Doch was bei der Lehrkraft „Rettungsphantasien" auslösen kann, kann beim Schüler als biografisch aufgebautes psychisches Abwehrsystem darauf angelegt sein, „Angst und Hilflosigkeit nicht fühlen und erleiden zu müssen, sondern beim Anderen hervorzurufen" (v. Freyberg/Wolff 2009, 48).

Hier sind vorrangig Veränderungsverhalten und Selbstkontrolle der Lehrkraft als nüchterne pädagogische Haltung und zur Unterstützung von Veränderungsprozessen gefragt. Denn nach Myschker und Stein (2014) muss sich der Schüler aus eigenem Antrieb und aus freien Stücken für eine Veränderung seiner Verhaltensweisen entscheiden. Um freiwilliges Lernen zu veranlassen kann man verschiedene Interventionen ausprobieren: Überraschendes, Irritierendes, Reframing einbringen, für Reizarmut und Langeweile sorgen, eine Annäherung an Tabuthemen versuchen oder Widersprüche der sichtbaren emotionalen Ambivalenz einfließen lassen.

Der „Mythos vom Neuanfang" (v. Freyberg/Wolff 2009) signalisiert dem Schüler sinngemäß: „Du bist jetzt hier, ich bin da und jetzt wird alles gut." Diese Sichtweise des Wiedergutmachens verkennt die Gefahr eines „illusionären Versprechens" (Bröckelmann 2018) und setzt die Beziehungsdynamik unter einen hohen gegenseitigen Erwartungsdruck. Es können Wunschvorstellungen entstehen, die kaum zu erfüllen sind. Dieser Gefahr muss man sich bewusst sein. Dafür muss man wissen wollen, was das Verhalten des Schülers bedeutet, und darf sich nicht entziehen. Erst mit dem Wissen um das Schwierige „können – oft nur scheinbar kleine – Entwicklungsschritte viel besser gewürdigt und realistisch eingeordnet werden. So kann Stillstand oder auch Rückschritt besser verstanden und dann auch ausgehalten werden" (Bröckelmann 2018, 455).

Bei allen Veränderungssituationen ist zu beobachten, dass die Schüler Ängste und schwierige Phasen mit Widersprüchen und mehrdeutigen Gefühlen kaum aushalten. Deshalb ist es wichtig, solche Situationen zu üben, indem man bewusst aber dosiert unklare Verhältnisse, die Konfrontation mit Fremden und Ambiguitätszustände herbeiführt und begleitet.

Nach Dörner (2011) kann man den Umgang mit verschiedenen Situationen, die verschiedene Anforderungen an uns stellen, lernen und lehren, indem man Menschen mal in diese und mal in jene Situation bringt und „eine Art Training im Umgang mit Unsicherheit“ und eine „Einübung in Unabwägbarkeiten“ (Bilstein 2001) vornimmt (Zapke 2018).

Möglich ist auch, dass der Schüler sich verändert, aber sein Umfeld den alten Zustand wiederherzustellen versucht.

Im Kontext von Jugendlichen mit Verhaltensauffälligkeiten leben viele Menschen ebenfalls unter erschwerten Lebensbedingungen. Auch sie öffnen sich neuen Umständen nur schwer und verharren oft in ihrer schwierigen, aber vertrauten Situation. Deshalb werden Veränderungen nicht immer begrüßt und stellen auch für die erwachsenen Bezugspersonen eine Verunsicherung dar, die lieber vermieden wird. Wie das Beispiel einer überbehütenden alleinerziehenden Mutter zeigt:

BEISPIEL

Autonomiebestrebung

J. ist 15 Jahre alt und sehr dick. Sobald er sich nur ein bisschen bewegt, läuft ihm der Schweiß in Strömen von der Stirn und die Rückseite seines T-Shirts zeigt große dunkle Nässeflecken. Seine T-Shirts haben die Größe XXXL, sind aber trotzdem an Hüften und Bauch genau wie die farblich passenden Jogginghosen zu eng und stets in Pastelltönen gehalten. Über den Schaft der hohen halb geöffnet gebliebenen Turnschuhe quellen die dicken Unterschenkel hervor. Die Schuhe haben einen Klettverschluss, da er nie gelernt hat, eine Schleife zu binden. Sie sind von seinem unsicheren schweren Watschelgang schräg abgelaufen. Seine Gesamterscheinung ist die eines Riesenbabys.

Meistens schreibt ihm seine Mutter in sein Mitteilungsheft, dass er am Sport- und Schwimmunterricht nicht teilnehmen soll, weil er Husten, Schnupfen, Fersensporn etc. hat. Davon weiß J. allerdings gar nichts. Er macht alles mit, was die anderen Jungen machen, und kämpft und rennt und schwitzt.

> Als feststeht, dass sich sein Verhalten und seine Leistungen so verbessert haben, dass er zum Schuljahresende in die Stammschule wechseln wird, um seinen Hauptschulabschluss zu machen, bringt er Frühstücksboxen mit Obst- und Gemüsespalten mit und nimmt rapide ab.

Die Schüler und ihre Eltern oder Erziehungsberechtigten agieren bei ihren Angstbewältigungsversuchen oft mit Misstrauens-, Verleugnungs- und Spaltungstendenzen. Die pädagogische Zielsetzung ist dann, sich in Bereichen von festgefahrenen Situationen zum Dialog zu bewegen und eine pädagogische Geschlossenheit und die konstruktive Zusammenarbeit aller am Entwicklungsprozess beteiligten Erwachsenen zu erreichen.

3.6 Individuelle Einzelangebote – wenn nichts mehr geht

Es gibt Kinder und Jugendliche, deren Verhalten nicht abgeschwächt, umgelenkt oder so verändert werden kann, als dass es in Gruppenzusammenhängen der Schule aushaltbar wäre. Aber eine solche Aussage zu treffen und zu vertreten, setzt das notwendige Wissen um die Störungsbilder und um die (begrenzten) Möglichkeiten des pädagogischen Handelns voraus und benennt die Entwicklungsmöglichkeiten und Grenzen der Schüler. „Diese auch fürsorgliche und verantwortungsvolle Haltung kann erleichtern, sie kann zufrieden und tatkräftig machen — im Wissen um die eigenen Grenzen und um die des anderen“ (Bröckelmann 2018, 455). Das heißt aber nicht, sich damit zu begnügen, sondern es bedeutet, die Realität zu akzeptieren und das Inklusionsthema aus einer Tabuzone herauszuholen und offen zu diskutieren.

Die Autorin ist überzeugte Verfechterin der Inklusion, allerdings nicht in der Form, dass die bedingungslose Teilhabe eines jeden Menschen an allen gesellschaftlichen Kernprozessen unabdingbar bedeuten muss: „Alle machen immer alles zusammen“. Die UN-Behindertenrechtskonventionen sehen dies auch nicht vor, sondern besagen, dass besondere Maßnahmen, die zur Beschleunigung oder Herbeiführung der tatsächlichen Gleichberechtigung von Menschen mit Behinderungen erforderlich sind, nicht als Diskriminierung im Sinne dieses Übereinkommens gelten.

Aushalten und Annehmen von Schwierigkeiten darf nicht zu einer permanenten Überforderung und Überschreitung der Belastungsgrenzen des Schulsystems und einzelner Pädagogen führen. Auch geht es bei einem Prozessergebnis des „Nicht- aushalten-Könnens“ nicht um gegenseitiges Scheitern. Die Verantwortung der Lehrer und die eines Kollegiums liegt darin, sich auf extreme Situationen einzustellen, um nicht unvorbereitet in eine pädagogische Handlungsunfähigkeit zu geraten. Denn massives selbst- und fremdgefährdendes Verhalten, Gewalt, Drogenkonsum, sexuelle Übergriffe und Kinderprostitution sind nicht zu dulden. Dann stehen strikte und klare Begrenzung und ggf. zwangsweise Beendigung als pädagogische Handlungen an. Dabei ist zu bedenken, dass eine sinnstiftende, realistische Bildungs- und Ausbildungsperspektive einer der Hauptfaktoren für die Lebensplanung von Jugendlichen ist.

Eine verantwortliche pädagogische Haltung legt außerdem Wert darauf, dass die Tagesstruktur und der Schülerstatus der Schüler erhalten bleiben. Auch die weitere Zuständigkeit für die Bildungsvermittlung, die Beibehaltung oder Verfolgung der Fallführung sind weiterhin intensivpädagogische schulische Aufgaben.

4 Zentrale Aspekte der spiel- und bewegungsorientierten Entwicklungsbegleitung

Eine spiel- und bewegungsorientierte Entwicklungsbegleitung kann zwar keine erfolgreichen Lösungsprozesse garantieren, aber dazu beitragen, kontinuierlich negativ verlaufende Entwicklungen von Schülern zu unterbrechen. Gelingen und Scheitern liegen im schulischen Alltag mit Schülern, die nicht passen, per se sehr dicht beieinander. Ob sich die Entwicklung in die eine oder andere Richtung bewegt, hängt oft von den Besonderheiten der konkreten Interaktion in der spezifischen Situation vor Ort und auch von der Intuition und diagnostischen Erfahrung der Pädagogen ab. Die Berücksichtigung verschiedener Ressourcen und Handlungsmöglichkeiten kann zur Unterbrechung der Verhaltensmuster von Kindern und Jugendlichen in konstanten Überforderungssituationen beitragen.

Eine genaue Trennung zwischen der spielorientierten und der bewegungsorientierten Perspektive ist dabei nicht immer möglich, da viele Kriterien für beide Bereiche gelten oder ineinander übergehen. Deshalb wird im Folgenden lediglich eine unterschiedliche Gewichtung der wesentlichen Aspekte vorgenommen.

4.1 Die spielorientierte Perspektive

Wesentliche Prinzipien der spiel- und bewegungsorientierten Perspektive sind die kontinuitätsfördernde Schutzfunktion des „sicheren Ortes", die Anerkennung von Autonomie und Autonomieverletzungen, Freiwilligkeit sowie die gemeinsame, flexible Ausgestaltung von dialogischen Passungsversuchen. Auch wird in der Spielforschung ein Zusammenhang von Spiel mit der Ausbildung von Empathie gesehen.

Zwar existieren zahlreiche Publikationen zur positiven Auswirkung von Spielen in der Schule, doch wird davon kaum Gebrauch gemacht. Das bestätigt wiederum den persönlichen Eindruck, dass „Spielräume" im Sinne von kontinuierlichen Freiräumen und Handlungsalternativen nur Gruppierungen zugebilligt werden, die noch sehr jung sind oder sich durch ihre Beeinträchtigungen bereits jenseits von Schule und Regelunterricht befinden. Dabei sind spiel- und bewegungsorientierte Interventionen für jeden Menschen hilfreich, um in unterschiedlichen Gruppenkonstellationen und verschiedenen Lebensbereichen mehr Lebensqualität und soziale Kompetenz zu entwickeln. Wenn jedoch Kinder und Jugendliche gemeinsames Spiel nicht als Angebot, sondern als Zumutung oder Bedrohung erleben, ist es nicht einfach, sie dazu zu motivieren. Denn sie stehen in Gruppensituationen permanent unter Stress, noch verstärkt durch schwierige Vorerfahrungen und andere individuelle Belastungen.

Deshalb bezeichnet Hölter (2008) es als eine Kunst, Spielen pädagogisch nutzbar zu machen, mit dem grundlegenden pädagogischen Dilemma zwischen Anbieten und Gewährenlassen. Bei einigen Schülern ist zu beobachten, dass sie nicht spielen, sich nicht selbst beschäftigen und keine Langeweile und Leerräume ertragen können. Sie sind an den Konsum vorgefertigter Programme und medialer und virtueller Unterhaltung gewöhnt und verfügen nur begrenzt über eigene reale Erfahrungen. Und wenn sie dann den Bewegungsablauf klischeehafter Stereotypen wie z. B. die schadenfrohe Figur bei „Fortnite" imitieren, wirkt das eher befremdlich und lächerlich als cool. Doch hat das Lachen der anderen oft einen positiven Effekt. Die Reaktionen der Mitspieler und die Möglichkeit, einmal andere Seiten und Fähigkeiten zu zeigen, wirken motivierend in Hinblick auf die Erweiterung der eigenen Ausdrucksmöglichkeiten und des bisherigen Verhaltensrepertoires.

Eingeführte Spiele üben als „erlebte Handlungsaktivität" (Krenz 2005) eine hohe Anziehungskraft aus. Bestimmte Spielsituationen werden immer wieder aufgesucht und können dann unter Beobachtung der Pädagogen in unterschiedlichen Freiheitsgraden und Gruppenkonstellationen in Eigenverantwortung der Spieler einfach ablaufen. Nur wenn sich eine Fehlentwickelung anbahnt, muss interveniert und umgelenkt werden.

Als Grundvoraussetzung für das Spielen ist wiederum die **Angstfreiheit** zu nennen. Günstig ist eine neutrale bis leicht positive Stimmung. Es gilt zunächst „das Prinzip der weitgehenden Voraussetzungslosigkeit" (Wanke 2004). Das heißt, jeder kann mitmachen, weil die stark differierenden Lernausgangslagen sowie Lebensalter, Fitness, Schulbesuchsjahr, Vorwissen, Leistungsvermögen und Störungsbild für das Spielen wenig ausschlaggebend sind. Das ist vor allem für Schüler wichtig, die lange nicht zur Schule gegangen sind und befürchten, nicht mitzukommen. Dabei bietet das Spielen besonders flexible Möglichkeiten zur Anpassung an die Umwelt und zur Verbesserung des Leistungsvermögens. Zudem erfordert es Regelverständnis und regelgerechtes Verhalten. Ein Regelgerüst vermittelt Sicherheit, Stimmigkeit und die Stabilität, die für das Maß an Neugierde und Eigeninitiative gebraucht werden, die nötig sind, um Neues zu wagen. Wie nebenbei führt es zu einer erheblichen Konfliktreduzierung und zur Erfahrung eines umgänglichen gelingenden Miteinanders, selbst in großen Gruppierungen mit unterschiedlichsten Interessenslagen.

So stellt das Spielen eine ideale Ausgangslage für gemeinsames Lernen dar. Da Spielen neue Erfahrungen ermöglicht, trainiert es das Gehirn. Dieser Vorgang kann noch intensiviert werden, indem man in bereits bekannte Spiele Varianten und neue Herausforderungen einbaut, die sich gezielt an den Interessen, Kompetenzen und der Tagesform der Kinder und Jugendlichen orientieren. Je nach Einsatz und Gruppierung können die Spiele anspruchsvoller oder einfacher gestaltet und angelegt werden und kürzer oder länger andauern.

Obwohl es nur um Spiele geht, aus denen man jederzeit wieder aussteigen kann, bleibt dieses Tun nicht folgenlos. Durch die Als-ob—Situationen und den Rollenwechsel, kann eine größere Direktheit, Spontaneität und Lockerheit entstehen. Damit ergibt sich die Möglichkeit, Tabuthemen und ernste Angelegenheiten anders anzusprechen, hindernde Ebenen zu überspringen und mehr Kontrolle über Gefühle zu erlangen.

Sicher abrufbar sind Zielsetzung und positive Ergebnisse beim Spielen zwar nicht, aber je mehr die Bedürfnisse und die Persönlichkeitsfacetten der Kinder und Jugendlichen erfasst und mit einbezogen werden können, desto stärker und unmittelbarer kommen Motivationswirkung und Intensität der Situationen zum Tragen. Damit entsteht eine dichte und animierende Atmosphäre, die entspannend und relaxed oder auch spannend und aufregend sein kann. Mit dem Erfolg: Die Schüler sind dabei und wollen dabeibleiben.

4.2 Die bewegungsorientierte Perspektive

Bewegungsorientierte Spiele weisen ähnliche oder gleiche Wirkungen auf wie die bereits genannten der spielorientierten Perspektive, führen aber durch den höheren körperlichen Einsatz zu einer stärkeren Körperwahrnehmung. Zwar fällt es bildschirmfixierten Kindern und Jugendlichen mit Bewegungsmangel, eingeschränktem Erlebnisradius und sozialer Isolation (Zimpel/Hüther 2016) einerseits schwer, Zeitspannen ohne Handy-, Playstation-, Computerdisplays und andere Bildschirme zu überstehen, doch andererseits scheint sich vor allem das unmittelbare Erleben sozialer Situationen mit körperlichen Symptomen wie Pulsbeschleunigung, An- und Entspannung und Sich-selber-spüren positiv auf die Stimmung innerhalb von Gruppierungen auszuwirken und einschränkende negative Vorerfahrungen einzudämmen.

Die empfohlene „Eine Stunde Bewegung pro Tag“ für Gesundheit und Wohlbefinden wird von den meisten Schülern nicht erreicht. Kaum ein Schüler kommt mit dem Fahrrad zur Schule, nur wenige sind in Sportvereinen oder spielen nachmittags und am Wochenende draußen. Wie notwendig die sozialen Situationen unmittelbaren Erlebens durch Bewegung sind, macht sich vor allem immer wieder montags oder nach den Ferien bemerkbar, wenn sie zu Hause in den Familien eben nicht stattgefunden haben: Die Kinder und Jugendlichen sind unruhig und überreizt oder fallen in alte Verhaltensmuster der Verweigerung (Abb. 1) zurück.

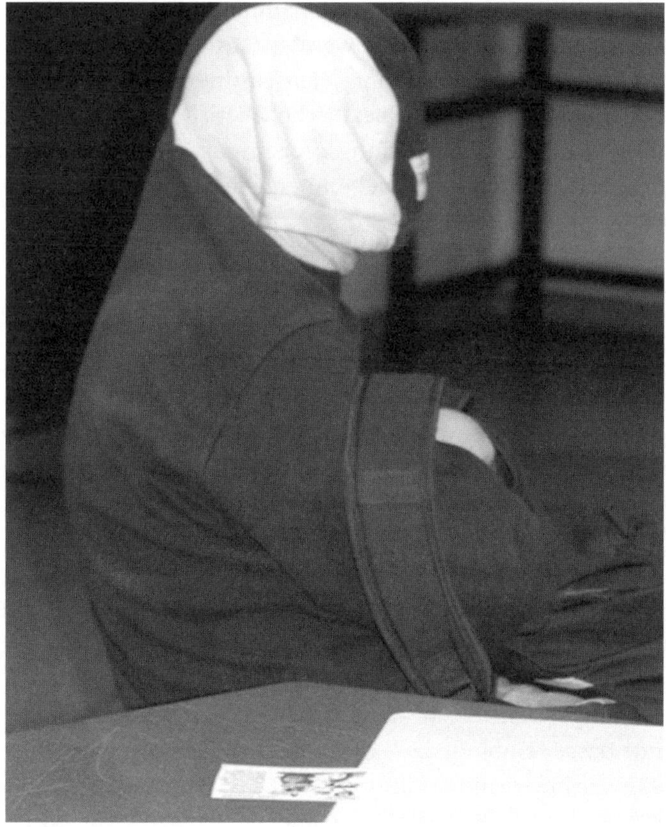

Abb. 1: Totalverweigerung

Richard Hammer hat im Rahmen eines wissenschaftlichen Forschungsprojekts die „Psychomotorik als grundlegendes Prinzip der Alltagsgestaltung" (Hammer 2001) vorgestellt. Mit dem Vorgehen unter der bewegungsorientierten Perspektive verhält es sich hier ähnlich. Es richtet sich jedoch nur in Fragmenten und experimentierend nach Konzepten und Interventionsmaßnahmen der bewegungsorientierten Förderung und Psychomotorik. Die Vermittlung der Unmittelbarkeit durch Bewegung sollte durchgehend stattfinden, nicht als kurze Episode einer sporadisch durchgeführten Projektpädagogik oder als Training.

Übungs- und Trainingseffekte machen zwar deutlich, dass sich Anstrengung und Ausdauer lohnen, sind aber nur positive Begleiterscheinungen, weil an jedem Schultag selbstverständlich und regelmäßig bewegungsorientierte Sequenzen eingebaut und ausgeführt werden. Mit der bewegungsorientierten Perspektive wird also keine bestimmte Zielrichtung und Systematik vertreten, sondern eher eine allgemeine, unspezifische, aber situativ passende Unterstützung und Begleitung von Entwicklungsprozessen, welche mit einer stärkeren Orientierung an Bewegung und Spiel einhergehen – und zwar aus folgenden Gründen:

- Viele Schüler sind übergewichtig, verbringen einen großen Teil des Tages sitzend vor Computern oder Spielkonsolen und verfügen weder über die notwendige Motivation, Koordination, Konzentration noch Kondition, um sich sportlich zu bewegen oder aktiv mit anderen Gleichaltrigen auseinanderzusetzen. Anerkannte Mannschaftsspiele wie Fußball kennen sie nahezu ausschließlich aus der Position des Zuschauers und sie agieren bei eigenen aktiven Versuchen schnell mit Frustration und/oder Wutausbrüchen.
- Auch für Schüler, die in ihrem Alltag eher bewegungsfern leben, besitzen die bewegungsorientierten Sequenzen eine hohe Integrationskraft. Denn die Adressaten sind vorwiegend männlich und in der Pubertät, und mit bewegungsorientiertem Spiel ist ein Zugang zu ihnen wesentlich leichter zu finden als mit anderen Unterrichtsinhalten.
- Mit bewegungsorientiertem Spiel lassen sich mehr Schüler über längere Zeiträume besser einbinden.
- Hyperaktive Schüler sind erfahrungsgemäß bereits nach einer Bewegungssequenz wesentlich ausgeglichener und zugänglicher als vorher und die antriebsschwachen, trägen Schüler sind energiegeladener. Das hat nicht nur nachhaltige Auswirkungen auf den akuten Schultag, sondern auch den selbstverstärkenden Effekt, dass solche spiel- und bewegungsorientierten Situationen immer wieder gezielt aufgesucht werden.
- Vor- und Nachbereitungszeiten sowie das Organisationsaufkommen von Material-, Werkzeugbeschaffung und Verbrauch sind wenig aufwendig.

Bewegungs- und Spielinterventionen lassen sich nahezu jederzeit und überall ohne großen Aufwand aus dem Stegreif einbauen, durchführen, reflektieren und wieder beenden.

4.3 Autonomie und soziale Eingebundenheit

Selbstbestimmung, Autonomie, Anerkennung und soziale Eingebundenheit gehören zu den menschlichen Grundbedürfnissen. Sie sind für Kinder und Jugendliche mit Verhaltensauffälligkeiten ein gewaltiges Problem und ein dringendes Bedürfnis zugleich und sorgen so regelmäßig für Konfliktlagen in vielfältiger Ausprägung. Eigentlich geht es dabei meist um Abhängigkeit sowie um Macht und Kontrolle. Darum sollte man den Schülern im Schulalltag aus pädagogischen Gründen so viele Wahl- und Kontrollmöglichkeiten wie möglich gewähren. Gerade in problematischen Lerngruppen mit geringer Frustrationstoleranz kann es schnell zu Fehlentwicklungen kommen, weil Kommunikations- und Verhaltensmuster für einen gemeinsamen Austausch, für die Durchsetzung eigener Interessen und angemessene Formen einer Abgrenzung nicht bekannt oder nur sehr ungeübt vorhanden sind. Eine soziale Eingebundenheit ist dann schwierig zu gestalten. Die Zugehörigkeit zu Gruppen erfahrbar zu machen, und „die sich in diesem Kontext entwickelnden Fähigkeiten sozialer Kooperation mit anderen“ (Herz 2013, 73) zu fördern, ist eine grundlegende inklusive pädagogische Aufgabe in allen institutionellen pädagogischen Arbeitsfeldern und integraler Bestandteil des zentralen Menschenrechts.

Einige Schüler geraten im Zusammenleben auch deshalb immer wieder in Stress- und Überforderungssituationen, weil sie wenig oder keine nuancierten Ausdrucksmöglichkeiten kennen und keine ausreichende Impulskontrolle besitzen. Daher ist für andere nicht ersichtlich, in welcher akuten Stimmungslage sie sich befinden und ihre Gefühlsausbrüche kommen völlig überraschend und mit einer großen emotionalen Wucht daher.

Wenn sie so ohne vorherige Anzeichen völlig ausrasten, wird ihre soziale Eingebundenheit abrupt unterbrochen, alle Anwesenden sind irritiert und für zukünftige gemeinsame Aktionen alarmiert. Solche Schüler müssen immer wieder vor schwierigen Situationen bewahrt oder aus ihnen herausgenommen werden. Sicherheitsaspekte haben dann Vorrang. Viele traumatisierte Kinder und Jugendliche mussten in ihren Herkunftsfamilien unvorhersehbare Stimmungsschwankungen und unberechenbare Wut- und Gewaltausbrüche ohnmächtig über sich ergehen lassen. Um wieder Vertrauen zu anderen Menschen zu fassen und soziale Bindungen einzugehen, brauchen sie eine Umgebung, die ihnen emotionale Stimmigkeit und Sicherheit bietet.

Wenn Ängste, eine rigorose Ablehnung alles Unbekannten und ein verbissener Kontrolldruck, kein Sicherheitsgefühl mehr zulassen, müssen die Umgebungsbedingungen eines sicheren Ortes so gestaltet werden, dass der Umgang mit schwierigen Situationen in annehmbaren Dosierungen nach und nach erlernt werden kann.

Durch ein langsames Herantasten im Spiel, z. B. durch „Zuliefertätigkeiten" wie Geld herausgeben bei Monopoly, Bälle einfangen und zuwerfen am Basketballkorb, verschaffen sich Schüler untereinander Erfolgserlebnisse und die Anerkennung für diese Kompetenzen durch die aktiven Spieler. Durch dieses „Füreinander" (Welsche 2018) scheint sich emotionale Sicherheit und ein positiveres Selbstbild auszubilden, was wiederum dazu motiviert, sich irgendwann an die schwierigere, eigentlich zu bewältigende Aufgabe zu trauen und mit eigenen Spielversuchen ein Miteinander oder Gegeneinander (Welsche 2018) durchzuführen.

Die Schüler brauchen bei solchen Vorgängen pädagogische Unterstützung. Durch das unauffällige Herbeiführen von Kommunikationsanlässen und —prozessen kann auch die ungestillte Sehnsucht nach Freundschaften begleitet werden.

Während ein Großteil der bisher beschriebenen pädagogischen Unterstützungsleistungen eher im Hintergrund vor sich geht, bedeutet „Schwierigkeiten annehmen" auch, pädagogisch offensiv zu werden, bis hin zu Machtkämpfen, die jederzeit destruktiv entgleisen können. Aber nach Schwabe (2010) sollte man dieses Risiko ab und zu eingehen, nicht als Machtdemonstration, sondern als Markierung von Verantwortungsübernahme und Grenzsetzung, um zu zeigen, dass man seine Vorbildfunktion wahrnimmt und dass zwischen Erwachsenen und Kindern, bzw. zwischen Pädagogen und Schülern, auch in einer lockeren Atmosphäre ein Unterschied besteht. Das verdeutlicht, dass man trotz dieses Unterschieds respektvoll miteinander umgehen kann. Dabei muss man natürlich mit einkalkulieren, bzw. ein Vorbild darin sein, Machtkämpfe souverän und fair zu verlieren.

4.4 Ressourcennutzung, Musterunterbrechung und gemeinsame Verhandlungsprozesse

Eine spiel- und bewegungsorientierte Entwicklungsbegleitung sollte davon ausgehen, dass schon etwas vorhanden ist, auf dem aufgebaut werden kann. Denn alle Schüler der Sekundarstufe I haben den Bildungsweg der Grundschule schon durchlaufen. Oft unter erschwerten Bedingungen:

BEISPIEL

Der „junge Erwachsene"

M. ist sehr energiegeladen und verrichtet die meisten Tätigkeiten zu heftig und ungestüm. Deswegen zerbrechen beim Schreiben die Stifte, beim Umrühren der Tomatensauce ist nach kurzer Zeit die Wand gesprenkelt, und wenn er Bälle schießt, wackelt die Fassadenverkleidung des Gebäudes.

Obwohl er immer rosig und gewaschen aussieht und fast so wirkt, als hätte man ihn mit einer Bürste geschrubbt, ist sein Erscheinungsbild verwahrlost. Seine Haare sind entweder zu lang oder so kurz rasiert, dass es einer Glatze nahekommt. Sobald es heiß und sonnig ist, hat er einen starken Sonnenbrand und oft trägt er unterschiedliche Socken.

Nach einiger Zeit in der neuen Klasse wird offenbar, dass er seit seinem sechsten Lebensjahr allein seine alkoholkranke Mutter versorgt und sich auch um den Haushalt kümmert.

Trotz der widrigen Umstände und der großen Bürde, die M. schon als kleiner Junge zu tragen hatte, brachte er es fertig, in der Grundschule Lesen, Schreiben und Rechnen zu lernen. Zusätzlich und unbemerkt von Schule, Jugendamt und anderen Unterstützungsmöglichkeiten organisierte er für sich und seine Mutter den Alltag. Erst an der weiterführenden Schule wurde bei ihm ein Förderbedarf an emotionaler und sozialer Unterstützung festgestellt und er wechselte an die Förderschule.

Schülern wie M. ist gar nicht bewusst, über welche emotionalen Kompetenzen sie verfügen und was sie bereits geleistet haben. Der Rückgriff auf das, was sie an Ressourcen mitbringen, gehört nicht nur bei M., sondern bei allen Kindern und Jugendlichen immer auch zur Anerkennung „der lebensgeschichtlichen

Erfahrung“ und zum Verstehen der „Überlebensstrategie“ (Herz/Zimmermann 2015, 156). Detektivische Kleinarbeit ist dann nötig, um weitere Unterstützungsmöglichkeiten und Potentiale ausfindig zu machen und Netzwerke zu knüpfen, um Menschen ins Boot zu holen, die Perspektiven bieten, Angebote machen oder sich kümmern können. Das könnte z. B. eine geeignete Praktikumsstelle zur beruflichen Orientierung sein, mit Mitarbeitern, die sich mit „schwierigen Fällen“ auskennen und ermutigend mit ihnen umgehen.

Unterbrechung von Verhaltensmustern bedeutet, Maßnahmen zur Wahrnehmungsveränderung oder -erweiterung zu ergreifen. Außerdem sollen in Situationen, die der Schüler mit herkömmlichen Möglichkeiten nicht bewältigt, ungeeignete Lösungsstrategien durch sinnvollere ersetzt werden (Pütter 2008). In der Regel sind Reaktionsweisen auf unangemessenes Schülerverhalten verhaltensregulative Maßnahmen, die meist auf eine Anpassung des Schülers drängen und damit eine schwierige Gruppendynamik und Reaktionsketten auslösen. Um Schüler in Bewegung und in kommunikative Auseinandersetzungen zu versetzen und dabei nicht auf Abwehr und Verweigerung zu stoßen, werden hier Spiel und Verhandlungen als initiierbare und inszenierbare Auslöser angesehen. Die Indirektheit dieser Methode ermöglicht, vorhandene Widerstände der Schüler zu umgehen und gewohnte Formen der Wahrnehmungsverarbeitung oder automatisiertes negatives Reagieren zu verhindern.

So wird erfahrbar, wie man eingefahrene Routinen und unproduktive Verhaltensweisen ohne Kampf und Konflikte durchbrechen kann. Zum einen wird Schülern die Möglichkeit gegeben, in einem offenen Dialog Vorschläge zu machen und in gemeinsamen Verhandlungen einen Konsens oder einen Kompromiss herbeizuführen. Dies entspricht dem generellen Bedürfnis, Handlungen oder Prozesse abschließen zu können. Zum anderen sind gemeinsam getroffene Entscheidungen nach offenen Aushandlungsprozessen Beispiele von Partizipation und Mitwirkung und vermitteln positive Gruppenerfahrungen. Aus solchen Situationen können Jugendliche mit einem eigenen Resultat hervorgehen (Speck 1997).

4.5 Beobachtung und pädagogische Diagnostik

Mit welchem Selbstverständnis man an Beobachtungsprozesse im Rahmen einer pädagogischen Diagnostik herangeht, entscheidet sich mit den individuellen Vorerfahrungen und den grundlegenden Wertepräferenzen des Lehrers, daher sollte man sich zunächst der intensiven Wahrnehmung der eigenen Empfindungen widmen. Diese sind immer durch biografische Erfahrungen und Deutungsmuster gefiltert und haben bei der Entschlüsselung der seelischen Struktur der

Schüler und deren situativen Äußerungsformen eine hohe Relevanz. Konflikte, schwierige Lebenssituationen aber auch noch unentdeckte Interessen, Talente und Potentiale von Schülern werden von jedem Lehrer anders wahrgenommen. Deshalb sind Fallbesprechungen im Team immer interessant und aufschlussreich. Darüber hinaus können sie auch entlasten, wenn Beobachtungen extrem verstörende oder bedrückende Eindrücke hinterlassen haben.

Um umfassend zu verstehen, was das wahrgenommene schwierige Schülerverhalten in der akuten Situation bedeuten kann, reichen die eigenen Erfahrungen und Kenntnisse oft nicht aus. Trotzdem muss man reagieren und pädagogisch sinnvoll handeln, auch ohne genau zu wissen, welche Emotionen, Kontextbedingungen und Problemlösungsstrategien sich jeweils dahinter verbergen. Nach Pütter ist das Verstehen des anderen ein schrittweiser Prozess, bei dem eine genaue Orientierung an der beobachteten Situation wichtig ist.

Vor allem sollte man die Verhaltensauffälligkeiten und Anpassungsschwierigkeiten des jeweiligen Kindes oder Jugendlichen nicht als persönliche Eigenschaft begreifen, sondern als Ausdruck eines vielschichtigen Problemkomplexes. Dabei ist die Leitfrage weniger, wie oder was jemand ist (z. B. Autist), als vielmehr „Wie geht er mit Anforderungen seines Lebens und der Lösung von Problemen um, und wie könnte er sie angemessener lösen?" (Pütter 2008, 273).

Meistens ist eine Ahnung und Idee davon vorhanden, die sich als Annäherung und zur Aufnahme eines Dialogs eignet und dem Schüler signalisiert, dass sein Verhalten „als ein schwierig zu lösendes Rätsel" (Ertle 2009, 17) betrachtet wird. Diese Kommunikationsform schafft die Möglichkeit, Abstand und Bedenkzeit zu gewinnen. Denn nicht immer muss alles sofort entschieden und getan sein. Es lassen sich Verzögerungen einbauen, die man zum Nachdenken oder für einen interdisziplinären Austausch nutzen kann.

Es gibt immer wieder Stimmen, die Pädagogen deshalb die Verwicklung in Interessenskonflikte bzw. die Unfähigkeit zu diagnostischen Erkenntnissen vorwerfen. Sie würden nur ihre (Lehr- und Lern-)Ziele verfolgen und nicht genügend Distanz zu ihren Problemschülern halten. Denn nahezu alle Vorgänge der Beobachtung und der pädagogischen Diagnostik finden parallel zur eigentlichen Unterrichtstätigkeit statt und sind ganz eng mit den akuten Interventionen verwoben, weil jede Aktion und Reaktion Auswirkungen auf den weiteren Unterrichtsverlauf und eine Balance der Gruppendynamik hat.

Um Übertragungen und Gegenübertragungen auf die Spur zu kommen und die eigenen Wahrnehmungen und Bewertungen zu reflektieren, sind Verfahren wie Reframing und paradoxe Deutungen hilfreich. Für diagnostische Prozesse und für freie Assoziation und Improvisation in nicht planbaren und nicht vorhersehbaren „Gegenwartsmomenten" (Stern 2010) bedarf es der Offenheit im Sinne einer „gleichschwebenden Aufmerksamkeit" (Freud 2007). Diese Form einer hohen situativen Flexibilität wird von Krenz (2005) als „situationsorientierter Ansatz" beschrieben.

Als grundlegende Strategie für eine neutrale Beobachtung und sachliche Diagnostik empfiehlt es sich also, einfach neugierig und offen zu sein. Diese Offenheit sollte unspezifisch und für alles empfänglich sein, was sich an Informationen, Ideen, Innovation, Inspiration und Kooperationsmöglichkeiten anbietet und zudem Spaß macht, gute Laune verbreitet und Energien freisetzt oder auch Ruhe und Gelassenheit einkehren lässt. So lässt sich Schülern selbst bei schwerwiegenden Verhaltensauffälligkeiten mit wohlwollender und freundlicher Anteilnahme begegnen.

5 Entwicklungsbegleitung konkret

Wie (spiel-)pädagogische Praxissituationen der Entwicklungsbegleitung konkret aussehen können, soll mit diesem Kapitel aufgezeigt werden. Die Initiierung von Lernszenarien oder Spiel- und Entwicklungsräumen beabsichtigt, dass Kinder und Jugendliche „durch Spielen intrinsische Ziele und Kompetenzen entwickeln und lernen, wie man Entscheidungen fällt, Probleme löst, Selbstkontrolle ausübt, Regeln folgt, Gefühle reguliert, Freundschaften schließt und mit anderen auskommt“ (Glomp 2014, 68).

Zum einem soll damit dem Bedürfnis nach einfachen positiven Gruppenerlebnissen und nach selbstverständlicher, gelingender Kommunikation entsprochen werden. Zum anderen sollen sie eine lockere Form von In-Beziehung-sein kennenlernen, die sich wechselseitig bedingt, ohne zu bedrängen. Damit ist aber auch eine Angewiesenheit auf die Initiative und Selbstverantwortung der Schüler für den Spielprozess verbunden, die wiederum einer pädagogischen Diagnostik unterliegt: Die Lehrperson interpretiert, was sie sieht, erfasst, was es bedeutet, und setzt um, was es ihr sagen will. Dementsprechend schafft sie sowohl Anreize als auch Rückzugsmöglichen für und in einem Spielfluss.

5.1 Kommentierte spiel- und bewegungsorientierte Anwendungsbeispiele

Das Leben und der Lebenskontext der meisten Schüler dieser Zielgruppe sind massiv problembehaftet und medial überfrachtet. Was fehlt, sind Gegenpole wie Leichtigkeit, Lebendigkeit, Ausgelassenheit und Freunde. Das Erleben von unkomplizierten Gemeinschaften und Freude stehen im Vordergrund. Dabei kann es phasenweise auch scheinbar sinnfrei und albern zugehen, wie der Bereich „Spaß und Nonsens“ in Kap. 6 ankündigt.

Anfängern wird empfohlen, nicht enttäuscht aufzugeben, wenn sich bei ihren Spielversuchen nicht gleich Spaß, Ungezwungenheit und Spontaneität bemerkbar machen. Denn Totalverweigerer (Abb. 2) und extreme Einzelkämpfer spielerisch in Gruppenprozesse einzubinden, stellt sich als eine harte Praxisanforderung heraus. Bis sich durch eine regelmäßige Spielpraxis Fortschritte abzeichnen, bedarf es bei einigen Schülern mehrerer Versuche und Möglichkeiten des Ausprobierens.

Abb. 2: Spielverweigerer

Es ist davon auszugehen, dass Schüler mit Selbstwertproblematiken und Angst vor weiteren Kränkungen auch in Spielphasen typische entwicklungsblockierende Verhaltensweisen zeigen, die Gruppenprozesse stark belasten.

Grob vereinfachend werden die Blockaden hier in zwei Schwierigkeitsformen eingeteilt, die sich auf die Skizzierung wesentlicher Aspekte beschränkt:

- **Extrovertierte Verhaltensweisen** äußern sich in Unruhe, Lautstärke und Unkonzentriertheit. Die Schüler zeigen oft eine maßlose Selbstüberschätzung, haben einen großen raumgreifenden Bewegungsdrang und agieren vorschnell und ungestüm, ohne Anleitungen abzuwarten und Regeln zu beachten. Überdimensionierte Durchsetzung eigener Interessen und Bedürfnisse durch spontane Machtkämpfe und unangebrachte Verhandlungsversuche können Spielabläufe und Entscheidungsfindung empfindlich stören.

- Schüler mit **introvertiertem Verhalten** neigen dagegen zu einer starken Selbstunterschätzung. Sie agieren vermeidend und unterlaufen Vereinbarungen und Aufgabenstellungen durch Verzögerungen und Verweigerungsverhalten. Dadurch können aktive Spielabläufe und Prozesse der Entscheidungsfindung zäh und schleppend werden.

Aus den Schülerreaktionen in den Spielphasen eines Spiels kann meistens abgelesen werden, dass die Schüler eigentlich (mit-)spielen wollen. Eine Zustimmung wird aber nicht eindeutig geäußert, sondern es wird gestört oder Desinteresse und Ablehnung vorgegeben.

Anwendungsbeispiel: Gruppenprozess in Gang setzen

Selbst bei unkomplizierten Spielen mit klar umrissenen Aufgabestellungen kann nicht davon ausgegangen werden, dass alle Teilnehmer nach der Einweisung wissen, wo es lang geht. Eine besonders hohe Ablenkungsbereitschaft und Unruhe herrschen oft in der Präsentationsphase, wenn das Spiel und eventuelle Sicherheitsvorkehrungen durch die Spielleitung erklärt werden. Deshalb besteht die Hauptaufgabe der Spielleitung in dieser Spielphase darin, Aufmerksamkeit zu erzielen. Durch eine humorvolle, lockere Ansprache in Form eines Angebots, das prägnant Ziele und Möglichkeiten des Spiels formuliert, gelingt das in der Regel. Falls nicht, ist eine darstellende Präsentationsform zu wählen, die Schüler aufhorchen und hinschauen lässt. Dazu sind Demonstrationen mit Markierungen besonders geeignet, wie z. B. bei dem folgenden Spiel „Blinzeln“:

BEISPIEL

Beim Blinzeln sitzt eine Gruppe im Stuhlkreis. Ein Stuhl ist unbesetzt. Hinter jeder sitzenden Person und auch hinter dem leeren Stuhl steht eine Person und hat ihre Arme auf dem Rücken verschränkt. Alle Stehenden bewachen ihre Sitzenden und versuchen, sie aufzuhalten, wenn sie woanders hinwollen. Durch ein Augenblinzeln fordert der Spielteilnehmer mit dem leeren Stuhl vor sich eine sitzende Person zu einem Wechsel auf seinen Stuhl auf. Dies bemerkt natürlich auch der Spielteilnehmer mit der anvisierten Person vor sich und versucht, sie durch rechtzeitiges Festhalten daran zu hindern. Falls ihm das nicht gelingt, ist er der nächste, der blinzelt. Die flüchtende Person nimmt den Platz ihres Eroberers ein, stellt sich hinter den Stuhl und dieser kann sich setzen.

Mit Markierungen sind übertriebene oder paradoxe Darstellungen gemeint, die eine höhere Aufmerksamkeit und bessere Merkbarkeit erzielen. In diesem Fall wird demonstriert, welche Körperteile beim Fangen und Festhalten nicht angefasst werden sollen und welche Bewegungsabläufe damit von vornherein ausgeschlossen sind.

Oft ist es sinnvoll, möglichst zügig mit einem ersten kurzen Spielversuch zu starten. Die Minimalansprüche sollten allerdings vorher geklärt, Start- und Stoppzeichen festgelegt und Ahndungen bei Zuwiderhandlungen geregelt sein. Viele Spieleffekte erklären sich dann von selbst, die Schüler können sich so eine genauere Vorstellung bilden und haben sich schon in das Spiel hineinbegeben. Durch eine Unterbrechung nach einem ersten Spielversuch sind sie eher zu einer gemeinsamen kurzen Reflexion und Optimierung bereit und können auch konstruktive Beiträge leisten.

Anwendungsbeispiel: Gruppenprozess in Gang halten

Da Spiele nicht einfach konsumiert werden können, sind länger andauernde gemeinsame Interventionen schwer auszuführen und durchzuhalten, denn sie erfordern Engagement, Solidarität zur Erreichung gemeinsamer Ziele und eine gut ausgebildete Frustrationstoleranz. Deshalb funktionieren Vorgänge mit wechselseitigen, aufeinander bezogenen Bewegungsabläufen, wie z.B. Basketball- oder Fußballspielen nicht ohne weiteres und sind in der Umsetzung sehr störanfällig. Denn ein Spielfluss impliziert das „gemeinsame Ausloten der Interaktionsmöglichkeiten“ (Giesemann 2010, 66) und die Notwendigkeit des ständigen Bemühens aller Beteiligten, das komplizierte und vielschichtige (Beziehungs-)Gefüge in einem emotionalen Gleichgewicht zu halten und vorangehen zu lassen.

Dabei tun sich manche Kinder und Jugendliche als „Spielverderber“ hervor. Einige sind ständig im Kampfmodus und agieren verbissen, weil sie unbedingt gewinnen müssen – auch bei Spielen, bei denen es gar nichts zu gewinnen gibt. Andere übernehmen wichtige Parts in einem Spiel und spielen dann aus nichtigen Gründen nicht mehr mit. Oft sind es Tests, um herauszufinden: Wie wichtig bin ich den anderen? Kann ich das Spiel bestimmen?

Bei Konflikten, völlig festgefahrenen oder diffusen Gruppenprozessen besteht manchmal keine Möglichkeit, die Situation zwanglos aufzubrechen, und das Spiel muss unterbrochen werden. Die Nichtbeachtung von Sicherheitsaspekten oder Verstöße gegen ein friedliches Zusammensein sind ein kompromissloser Grund, Spiele zu unterbrechen oder ggf. auch ganz abzubrechen. Ansonsten erweist sich ein flexibel handhabbares Repertoire an Umwandlungsvarianten und Lösungsmöglichkeiten für solche Schlüsselsituationen als sehr hilfreich. Dann können Schülern Alternativangebote gemacht oder Impulse für Umstrukturierungsideen gesetzt werden, um sich aus festgefahrenen Situationen zum Dialog zu bewegen.

Anwendungsbeispiel: Gruppenprozess um- bzw. einlenken

BEISPIEL

Zwei Spieler stehen an der Trennbank zwischen den beiden Spielfeldern und giften sich an. Beide haben einen Softball. Der eine bezichtigt den anderen, ihn beim Hühnerball absichtlich am Kopf abgeworfen zu haben, was verboten ist. Der andere behauptet, seinen Kontrahenten überhaupt nicht getroffen zu haben, und schon gar nicht am Kopf, er könne nämlich gut treffen. Die anderen Mitspieler versuchen zu beschwichtigen und wollen weitermachen. Plötzlich springt der erste mit Wutgeheul auf die Bank und schleudert seinen Ball nach dem lamentierenden Mitschüler. Sein Treffer landet an dessen linker Gesichtsseite. Bevor die beiden Tobenden aufeinander zustürzen können, werden sie von ihren Mitschülern fest- und auseinandergehalten. Beide beleidigen sich gegenseitig, als die Spielleitung dazwischen geht, jedem ein Coolpack in die Hand drückt und sagt: „So, jetzt seid ihr ja quitt. Dass euer Benehmen nicht in Ordnung war, wisst ihr ja selbst. Deshalb spielt ihr die nächste Runde mit Handicap. Ihr müsst beide während des gesamten Spiels das Coolpack auf die Stelle halten, an der ihr getroffen worden seid.“ Erst murrend, dann feixend, spielen die beiden einarmig weiter.

5.2 Aufgaben der Spielleitung bei Gruppenaktivitäten

Die Anleitung von Spielen und Gruppenaktivitäten ist demnach immer auch eine Form der Animation. Sie verlangt vom Spielleiter eine schnelle und sichere Einschätzung von Gruppenprozessen, aber auch Humor, Integrations- und Improvisationsfähigkeit und eine besondere Form der Ansprache. Neben einer guten Selbsteinschätzung erfordern sie einerseits eine hohe Lehrerpräsenz, andererseits aber die Fähigkeit, sich zurückzunehmen, so wenig wie möglich einzugreifen und nur aktiv zu beobachten. Denn die Aufgabe, einen sicheren Ablauf des Spielgeschehens zu überwachen, ist immer gegeben. Auch eine produktive Fehleranalyse und ein nüchterner Umgang mit Widerständen wollen erst gelernt sein. Spiele können zielgerichtete passgenaue Interventionen für bestimmte Situationen sein. Allmählich wird sich ein persönliches Know-how und ein gutes Gespür dafür entwickeln, wie die Schüler anzusprechen sind, welche Herausforderungen und Schwierigkeitsgrade gestellt werden können und was zu risikoreich sein könnte.

Die einzukalkulierenden Risiken beziehen sich dabei nicht nur auf Sicherheitsaspekte und die Abwendung von möglichen Unfällen und körperlichen Verletzungen. Mit der Unvorhersehbarkeit dynamischer Wechselspiele sind Komplikationen, wie gewaltsame Konflikte, übersexualisierte Reaktionen und die Hervorrufung von Ängsten und Krisensituationen nie gänzlich ausgeschlossen. Sie sollten aber im Vorfeld eingeplant werden und entsprechende Lösungsvarianten vorhalten.

Die Durchführung des Wahrnehmungsspiels „Wie viele Hände?“ (Gilsdorf/Kistner 2001) kann für traumatisierte Kinder und Jugendliche trotz einer vorherigen Absprache von Tabuzonen einige Risiken bergen. Die Spielbeschreibung kündigt dies bereits an:

> Eine Person stellt sich in die Mitte und bekommt die Augen verbunden. Die anderen Spielteilnehmer legen eine oder beide Hände auf den Körper des „Blinden“. Dessen Aufgabe ist dann, die Summe der erspürten Hände zu benennen.

Es bleibt zwiespältig. Ob Vertrauensspiele mit dieser Klientel überhaupt durchgeführt werden sollten, liegt in der Verantwortung und Erfahrung der Spielleitung. (Eine Adaption dieses Spiels findet sich in Kap. 6 unter „Gegenseitige Wahrnehmung“.)

Um Sicherheit für alle Beteiligten zu gewährleisten und Situationen auszuschalten, die potentiell Gewalt beinhalten, ist es bei vielen Spielen absolut erforderlich, sie mit zwei Pädagogen durchzuführen. Durch genaues Abstimmen des Niveaus der Spieleinheiten auf die Gruppe können Überreaktionen wie „Ausraster" der Teilnehmer von vornherein vermieden werden.

Im Vergleich zu vielen anderen Unterrichtsinhalten spielen die Aspekte Tempo und Geschwindigkeit eine erhebliche Rolle. Das liegt an dem verstärkten Aufkommen von Bewegung, aber auch auf der verbalen Ebene können Abläufe schneller vonstattengehen. Dabei können auf Grund von unübersichtlichen Situationen und unterschiedlichen Wahrnehmungen, Fehleinschätzungen und Konflikte eintreten. Um schnell umfassende Entscheidungen treffen und gegebenenfalls auf Problemspiralen souverän reagieren zu können, sind wiederum ein breit gefächertes Repertoire an alternativen Auswegen oder kontrollierte Aufschübe gefragt. Für diese pädagogischen Interventionen gilt:

> **!** Wenn immer möglich sollten Kommunikationsschwierigkeiten, Konflikte und Einigungsprobleme in der Gruppe belassen und nicht direktiv gelöst werden. Sonst gerät die Spielleitung immer wieder in die Funktionsrolle des Schiedsrichters.

Ein Anwendungsbeispiel verdeutlicht hier eine mögliche Form einer gerechten Gruppenaufteilung:

BEISPIEL

Egal, welche der vielfältigen Möglichkeiten einer Aufteilung in verschiedene Gruppen man wählt, immer wieder kommt die Situation auf, dass sich ein überzähliger Schüler in einer Gruppe befindet, während in der anderen Gruppe ein Teilnehmer zu wenig ist. Meistens werden Ansprache und Umgangsformen bei einem Lösungsversuch unter den Schülern dann recht schnell abwertend und provozierend. Hier folgende Intervention:

Die überzählige Gruppe erhält die Aufgabe, sich abseits zu stellen und für jeden Schüler nach Anzahl der Teilnehmer eine Nummer zu vereinbaren. Wenn sie damit fertig ist, kehrt sie zum Spielfeld zurück. Dann wird irgendeine unbeteiligte Person gebeten, eine Zahl von-bis (nach Anzahl der Teilnehmer) zu nennen und der Schüler mit dieser Nummer ordnet sich der unterzähligen Gruppe zu. Diese „Schicksalsfügung" ist bisher immer akzeptiert worden.

Die Einschätzung von Situation und jeweiligem pädagogischen Handlungsspielraum ist stets situativ und nicht vorhersehbar. Trotzdem können exemplarische Beispiele dazu inspirieren, die in bewegungsorientierten Spielen vielfach vorhandenen Aspekte zu nutzen oder ggf. gezielt unterzubringen. Denn bei den meisten Spielen handelt es sich nicht um festgelegte starre Gebilde, sondern sie lassen sich ohne großen Aufwand variieren, abändern, kürzen und/oder als Spielsequenzen zusammenstellen.

Auch die Schwierigkeitsgrade, von einfach bis komplex, können durch Steigerung oder Verringerung nuanciert werden. Neben einer Erhöhung der Komplexität und einer Steigerung der Anforderungen gibt es zusätzlich noch die Möglichkeit, in eigentlich bekannte Spiele Irritationen und Störquellen einzubauen und Wechsel von mentalen zu körperlichen Anforderungen zu vollziehen.

Ein Faktor, der bei dieser Klientel auch mit einem großen Erfahrungshintergrund schwer einschätzbar bleibt, sind Spieldauer und Zeitrahmen, die zur Durchführung benötigt werden. Denn oft machen sich die unterschiedlichen Auswirkungen der jeweiligen Tagesform der Mitspieler erst im Verlauf des Spiels bemerkbar.

5.3 Rahmenbedingungen

Für bewegungsorientiertes Spielen sind die formalen Bedingungen an Schulen selten optimal und unterliegen neben Kriterien der Machbarkeit (Personalschlüssel, räumliche Voraussetzungen) auch Sicherheitsvorschriften (Fluchtwege, Feuerwehrzufahrten) und anderen Vorgaben (Lärm, Schmutz, Zeitpläne). Daher erfordert die Herbeiführung geeigneter Rahmenbedingungen in der Regel eine hohe eigene Begeisterung für die Sache und Ausdauer bei der praktischen Um- und Durchsetzung von Standards. Meistens sind anfangs die räumlichen und zeitlichen Voraussetzungen sowie eine Ausstattung mit geeignetem Material nicht hinreichend gegeben. Wohingegen die Schülergruppen zu groß, zu klein und/oder sehr heterogen sind. Aber die Wichtigkeit der Erfahrung, miteinander in Kontakt zu sein, sich gegenseitig wahrzunehmen und sich im Verhalten und in wechselseitigen Handlungen gegenseitig zu beeinflussen und aneinander auszurichten, überwiegt alle möglichen Anstrengungen bei der Implementierung. Die Bedeutsamkeit dieser Erfahrungen für Kinder und Jugendliche wird noch gesteigert, wenn sie selbst an der Gestaltung der Rahmenbedingungen beteiligt sind und sich mit ihren Kompetenzen aus freien Stücken einbringen können.

Sicherheit und Angstfreiheit aller Teilnehmer: Grundsätzlich oberste Priorität haben Aspekte des „sicheren Ortes“. Sicherheit herstellen bedeutet nicht nur, auf die Sicherheitsstandards zu achten und z. B. den Zustand des eingesetzten Materials zu überprüfen und Sicherheitsvorkehrungen zu treffen. Es hat auch viel mit Sicherheit vermitteln, im Sinne von Leiten und Halt geben, zu tun. Denn wenn Spielteilnehmer dem Spielleiter folgen, setzen sie Vertrauen in ihn, seine Risikoabwägung und seine Handlungsfähigkeit. Deshalb muss der Spielleiter immer die Aktivitäten der Spielgruppe begleiten, um eventuell eingreifen zu können, aber auch, um Ängsten, Unbehagen und dem möglichen Aufkommen eines Gruppendrucks entgegenzuwirken.

Freiwilligkeit: Dennoch ist Folgsamkeit nicht das Kriterium beim Spielen und Lernen, sondern eher der Wille und die freie Entscheidung für oder gegen einen Sachverhalt. Kindern und Jugendlichen muss es erlaubt sein, sich so einzubringen, wie sie situativ dazu in der Lage sind. Das entspricht dem Bedürfnis nach Gestaltungsmöglichkeiten und Autonomie. Hilfreich dazu ist, von vornherein die konkret für die Gruppe geeignete Spieleinheit mit dem passenden Schwierigkeitsgrad zu wählen und im besten Fall Begeisterung auszulösen.

Prinzip der weitgehenden Voraussetzungslosigkeit: Verbunden mit Spiel bedeutet das Prinzip von Wanke (2004): Jeder kann mitmachen, weil für das Spielen die stark differierenden Lernausgangslagen sowie Lebensalter, Fitness, Schulbesuchsjahr, Leistungsvermögen, Leistungsbereitschaft, Vorwissen und Störungsbild nicht so ausschlaggebend sind. Hiermit erhalten die spiel- und bewegungsorientierten Sequenzen eine hohe Integrationskraft auch für Schüler, die in ihrem Alltag eher bewegungsfern leben oder lange nicht zur Schule gegangen sind und befürchten, nicht mitzukommen (Zapke 2018).

Gemeinsamkeit ist insbesondere für Schüler wichtig, die in einer Teilnahme an Gemeinschaften nicht geübt sind und deshalb ungeschickt, extrem, oder gar nicht agieren. Ihrem Bedürfnis nach Verbundenheit und Nähe sowie dem Gefühl, dazuzugehören, muss entsprochen werden. Gleichzeitig darf sich bei ihnen nicht der selbstabwertende Eindruck verstärken, „So wie ich bin, bin ich nicht in Ordnung. Ich scheitere sowieso und muss erst optimiert werden“. Die Spielleitung kann durch eine organisatorische Fürsorge die schwere Kränkung eines Ausschlusses einzelner Mitschüler oder ganzer Gruppierungen durch ihre Mitschüler verhindern, indem sie unterschiedliche Schwierigkeitsgrade einbaut oder verschiedene Angebote macht. Falls das nicht gelingt oder nicht ausreicht, haben die Schwächeren eine Kontinuitätsgarantie. Das heißt, der Gesamtgruppe werden die Konsequenzen ihres Verhaltens und die Möglichkeit des Abwägens der Verhältnismäßigkeit aufgezeigt, um sie zum Verhandeln und zur Herbeiführung eines Kompromisses zu bewegen. Ansonsten erfolgen der Abbruch der Gruppenaktivität und das Verlassen des Spielortes.

Isolation aufzubrechen und Zugehörigkeit zu bewirken gehören zu den Leitzielen – bis auf wenige Ausnahmen, z. B. wenn jemand von sich aus Rückzug und Ruhe sucht, weil er sich krank fühlt, Liebeskummer hat oder traurig ist. Aus solchen Betrachtungen heraus werden Tätigkeiten, die zur Vereinzelung führen, wie z. B. allein vor Bildschirmen sitzen, stark eingeschränkt und reglementiert.

Eigeninitiative und Ressourcennutzung: Nach Lehn und Stuefer (2011) entwickelt dynamisches Handeln Ausdrucksfähigkeit. Es erleichtert so den Dialog. Um Konsumverhalten weitestgehend zu verhindern und dialogische Prozesse anzustoßen, sollten innerhalb der Rahmenbedingungen lebendige Räume gebildet werden, die nicht zu Ende gedacht und fertiggestellt sind. Deshalb werden dem gewohnten Verhalten und gängigen Umgangsformen mit Material und Zeiträumen eine flexible und kreative Nutzung entgegengesetzt, bei der Funktion und Gestalt immer wieder neu festgelegt werden müssen. Dies spiegelt sich auch in den Räumlichkeiten und dem Materialangebot wider, welche zweckentfremdet, recycelt und umfunktioniert sein können.

5.4 Regeln und Rituale

Regeln sind dafür da, dass sie eingehalten werden. Spiele sollten aber möglichst viele kreative Nutzungs- und Improvisationsmöglichkeiten offenhalten und nicht mit einem Regelwerk überfrachtet sein. Zur gemeinsamen Orientierung muss vor jedem Spiel sichergestellt werden, dass alle Teilnehmer auf dem gleichen Stand sind und von einem gleichen Verständnis und Ablauf ausgehen. Meistens ist das bei einer Abfrage nicht der Fall, bzw. in einem Einigungsprozess muss festgelegt werden, welche Variante gespielt wird, wie die Regeln lauten und was bei Zuwiderhandlungen passieren soll.

Verhalten in einem Kontext, der abweichendes Verhalten nicht aushält, wird beim Spiel besonders deutlich. Denn Spiele funktionieren nicht, wenn keine gemeinsame kooperative Verhaltensebene gefunden und eingehalten wird. Zum einen verursachen Nichtbeachtung der Regeln und gezielte Regelverstöße bei dieser Klientel direkt Emotionsausbrüche, hitzige Konflikte und ein erhöhtes Frustrationsaufkommen. Insofern sind Spiele hoch verdichtete exemplarische Fallbeispiele für schulische Situationen unter schwierigen Bedingungen. Wenn sie gut laufen, überträgt sich das aber auf den gesamten Schulalltag. Das lässt zum anderen gerade diese Unmittelbarkeit des Auslösers erkennen und zeigt an, was alles möglich ist, wenn sich an (Verhaltens-)Regeln gehalten wird. Rituale bilden dazu die Rahmung und vermitteln mit ihren Außengrenzen Vertrautheit. Deshalb ist bei der Einhaltung von Regeln und der Vermittlung von

Sicherheit die konsequente Haltung der Spielleitung gefragt. Ihre Aufgabe ist es, im Spiel, wie bei anderen Schulalltagssituationen auch, besonders aber bei gewaltsam ausgetragenen Konflikten, möglichst unaufgeregt und souverän aufzutreten. Ausgesprochen oder auf nonverbaler Ebene muss sie standhalten und klarstellen, dass das gezeigte Fehlverhalten nicht geduldet wird. Bei schweren Eskalationen wird sie zur Abwendung von Fremd- oder Eigengefährdung eventuell zu körperlichen Interventionen greifen müssen. Wenn sich die Gemüter abgekühlt haben und nach einem zeitlichen Aufschub, gilt es erneut, die Regeln zu visualisieren, Grenzen zu markieren und ihre Notwendigkeit zu demonstrieren und zu begründen. Auch sollte angekündigt werden, dass und wie man die zukünftige Einhaltung erreichen wird. Ggf. können bei zutreffenden Gründen und einer überzeugenden Argumentation Regeln auch angepasst und verändert werden.

Ritualisierung und Rhythmisierung erfordern Beharrlichkeit und eine klare **Struktur** und Nachvollziehbarkeit der steten Wiederholung und Übung regelmäßiger Abläufe. Bis sich eine Selbstverständlichkeit und die Gewinnung von Sicherheit einspielen, dauert es seine Zeit. Deshalb eignen sich Problemlösespiele mit zielgerichteten Aufgabenstellungen oft erst nach einer erfolgreichen Ritualisierung.

5.5 Material

„Verbotene" Tätigkeiten mit „gefährlichen" Werkzeugen und bedeutsamen Materialien an besonderen Orten (Pfeil und Bogen, Stockkämpfe, auf Bäume klettern, Steine auf der Wasseroberfläche eines Sees titschen lassen) üben eine große Anziehungskraft aus. Wenn Schülern wertvolle und ungewöhnliche Dinge anvertraut werden, mit denen sie sonst nicht hantieren dürfen, wachsen sie über sich selbst hinaus. Auch wenn ihnen schwierige Handlungen zugetraut werden, wirken sie viel besonnener und erwachsener. Dabei entsteht oft eine ernsthafte fast andächtige Arbeitsatmosphäre. Wenn dann z. B. angemerkt wird, dass antike Golfschläger nicht dazu da seien, sie einem Mitschüler über den Schädel zu ziehen, werden Schüler wie im Chor sagen: „Aber das würden wir nie machen. Wie kommen Sie denn darauf?" – Sie tun es dann auch nicht, sondern stellen sie vorsichtig beiseite, bevor sie in eine Auseinandersetzung gehen.

Was auf jeden Fall benötigt wird, sind verschiedene Arten von Bällen und eine Ballpumpe. Wünschenswert sind feste Termine oder zumindest die gelegentliche Möglichkeit, sich in einer gut ausgestatteten Turnhalle aufzuhalten. Auch fahrbare Untersetzer wie Rollbretter, Pedalos oder Skateboards, um Staffeln zu fahren, sind eine gute Anschaffung oder vielleicht ausleihbar. Ab und zu benötigt man große Schaumstoffwürfel mit dem Aufdruck der Punkte von eins bis sechs, um Entscheidungen zu treffen. Wenn man sich dazu noch einen Fundus an bewährten Brett- und Kartenspielen sowie eine tickende „Zeit-Bombe" und eine Sanduhr zulegt, ist man bereits auf der sicheren Seite. Ansonsten gilt es, aus der Not eine Tugend zu machen durch: Umwandlung vorhandener Spielelemente, Zweckentfremdung von Alltagsgegenständen, Reframing von Deko-Materialien (z. B. Plastikeier für Ostersträuße zum Eierlauf), Improvisation mit Büromaterialien, Wiederverwertung, Upcycling und die kreative Nutzung von unfertigen Dingen gehören dazu. Die Reparatur oder eigene Herstellung von Spielmaterial und die Annahme von geeigneten Spenden sind weitere gute Maßnahmen, die zu Dialogen führen und aus der Konsumentenhaltung herausführen.

Alle Materialien sollten einen solchen Zustand aufweisen, dass Verletzungsgefahren weitgehend ausgeschlossen werden können. Bei einigen Materialien sind Hygieneaspekte zu berücksichtigen, z. B. bei Tüchern zum Verbinden der Augen.

6 Spiele und Aktionen

Die meisten Schüler mit Verhaltensauffälligkeiten verfügen kaum über eigene interaktive Spielerfahrungen und kennen bekannte Spiele wie Brennball oder natürliche Umgebungen wie einen Wald nur vom Hörensagen. Deshalb spielt die Berücksichtigung des Bekanntheitsgrades einzelner Spiele hier keine Rolle. Manchmal erlebt man freudige Überraschungen. Eine Schülerin jubilierte laut: „Mensch, das kennst du doch. Das haben wir doch in der Klapse immer gespielt", als sie einen Mitschüler aus ihrer gemeinsamen Zeit in der Kinder- und Jugendpsychiatrie wiedertraf und das Spiel „Skip-Bo" im Materialschrank entdeckte.

Die Einsatzmöglichkeiten von bereits vorhandenen und bekannten Spielen sind vielfältig. Schon durch kleine Transformationen lassen sich aus vorhandenen Spielideen und Spielelementen gänzlich neue und originelle Spiele entwickeln. Dazu muss man nicht unbedingt über Erfinderqualitäten verfügen. Hilfreich ist es aber, die zentralen Schemata und die Strukturmerkmale von Spielen zu kennen (Tab. 1) und über die Vorlieben und Abneigungen der Schüler Bescheid zu wissen.

Tab. 1: Strukturmerkmale – Spielbeispiele

Strukturmerkmale	Spielbeispiele
Transporte und Strecken	Wassertransport, Kugelbahn
Weiterleiten von Nachrichten	Der Willi ist krank
Balance und Stimmigkeit	Bonbons, Handtuchvolleyball
Sortieren und Anordnen	Feld frei halten, Worte und Zahlen
Täuschen und Tarnen	Schmuggeln, Wer hat meinen Schuh geklaut, Stimmt oder stimmt nicht
Nonverbal	Im Dunkeln tappen, Blinde Kombi, Knüppel aus dem Versteck
Stärkung von Wahrnehmung, Merkfähigkeit und Konzentration	Eine Ente, zwei Füße, Imaginäres Labyrinth
Hindernisse und Handicaps	Gebratene Spiegeleier, Schülergolf
Konstruktionen und Entwicklung	Aufgabenstellungen, Aufbauten, Parcours, Türme, Brücken, Schülergolf
Sammeln, Sichern und Rauben	Hühnchen rupfen
Kommunikation, darstellendes Spiel und Raten	Regieanweisungen, Emotionen-Quiz, Der Hamster ist tot
Strategisches Vorgehen	Panzerknacker
Als-ob-Situationen	Was ist hier los?

Besonders beliebt sind Spiele mit „riskanten“ oder komplizierten Aktionen, mit Auspowern, Verstecken, Fangen, Abtreffen, komplexen Aufgaben, und vor allem mit Erfolgserlebnissen und Spaß. Bei kooperativen Spielen, in denen ein Füreinander und Miteinander erforderlich ist, zeigen Schüler ein besonderes Engagement. Aber ein gewisses Maß an Konsens und Abstimmung brauchen die Mannschaften auch unter Wettbewerbsbedingungen. Den Nutzen und die Vorteile von Kooperation zu erleben und anzuerkennen, gehört zu den positiven Gemeinschaftserfahrungen. Der Wettbewerbscharakter verstärkt sie oft noch.

Sogenannte „vertrauensbildende Aktivitäten“ sind für diese Klientel zwar nicht grundsätzlich problematisch, aber es wird zur Vorsicht geraten. Es geht dabei oft um „Mutproben“, wie jemanden auffangen, blind führen, mit etwas füttern, etwas zum Raten in die Hand geben usw. Je nach Gruppenkonstellation kann das eine interessante Herausforderung darstellen und viel Spaß machen, doch können Dunkelheit, Fremdheit, Enge, Nähe, Körperkontakt und bewusste Berührungen (z.B. beim Festhalten und Gefangennehmen von Mitschülern) auch zu Ausrastern führen, weil sie für einzelne Schüler angstauslösende Faktoren und/oder zu hohe Anforderungen enthalten.

Die nun folgenden Spiele sind nach dem jeweiligen Hauptaspekt in acht Kategorien eingeteilt:

- Kennenlernen,
- gegenseitige Wahrnehmung,
- Ausdrucksmöglichkeiten,
- Affektregulierung,
- Kooperation und Kommunikation,
- Konzentration und Präsenz,
- Geschicklichkeit und Nervenstärke sowie
- Spaß und Nonsens.

6.1 Kennenlernen

Ich sitze im Grünen

Ort: Platz für einen engen Stuhlkreis
Einsatzmöglichkeiten: für Gruppen ab 10 Teilnehmern
Material: ein Stuhl ohne Armlehne pro Teilnehmer und ein Extrastuhl
Dauer: ca. 10–15 Min.

Spielbeschreibung: Alle Spieler sitzen im Kreis. Der überzählige Stuhl ist leer. Der Spieler rechts neben dem freien Stuhl wechselt im Uhrzeigersinn auf den leeren Stuhl und sagt: „Ich sitze ...“ Sein rechter Nachbar rückt auf und sagt: „im Grünen ...“ Der nächste Spieler setzt sich wiederum auf den frei gewordenen Stuhl und sagt: „... und ich wünsche mir den (Name) herbei.“ Der Genannte steht auf und wechselt auf den freien Platz. Dadurch entsteht eine Lücke, die sowohl von dem rechts als auch von dem links sitzenden Teilnehmer gefüllt werden kann. Je nachdem, wer von den beiden den Platz erobert hat, beginnt wieder mit: „Ich sitze ...“

Kommentar: Das eigentlich recht simple Spiel bezieht seinen Reiz aus der Konkurrenzsituation, die sich durch das Gerangel um den freien Stuhl und den möglichen Richtungswechsel ergibt. Je nach Größe, Gewicht, Präsenz und Temperament der aufeinandertreffenden Spieler sind überraschende Beobachtungen möglich.

Aufgaben der Spielleitung: Vor Spielbeginn ist es notwendig, die Namen der Teilnehmer zu erinnern. Mitunter wird das Spiel zu laut und die genannten Namen sind nicht zu verstehen, oder Mitspieler halten sich nicht an die vorgesehenen Ansagen und wechseln einfach so die Plätze. Dann sollte auf die gliedernde Funktion und die Einhaltung der zu sprechenden Texte hingewiesen werden. Sie legen nämlich eindeutig fest, was von wem in welcher Reihenfolge gemacht wird. Es dürfen auch nicht immer die gleichen Namen genannt werden. Alle sollten darauf achten, dass jeder einmal gewünscht wird und die Wechsel schnell vonstattengehen.

Stimmt oder stimmt nicht

Ort: ruhiger Raum mit Platz für einen großen Stuhlkreis
Einsatzmöglichkeiten: für Gruppen ab 4 Teilnehmern
Material: Jeder Teilnehmer erhält 2 Karten oder Zettel. Auf einem steht eine 1 auf dem anderen eine 2.
Dauer: ca. 15–20 Min.

Spielbeschreibung: Eine Person fängt an und erzählt zwei kleine Geschichten über unterschiedliche Begebenheiten aus ihrem Leben. Eine davon stimmt, die andere trifft überhaupt nicht zu. Die Mitspieler müssen raten, ob die erste oder die zweite Geschichte stimmt. Wer die meisten richtigen Ergebnisse erzielt, hat gewonnen.

Kommentar: Das Spiel ist interessanter und erheblich aufschlussreicher, wenn keine Entweder-oder-Geschichten vorgetragen werden, sondern wenn die zwei

Erzählungen aus völlig verschiedenen Zusammenhängen stammen und untereinander keine Bezüge aufweisen. Es ist hilfreich, wenn der Spielleiter mit zwei Beispielgeschichten startet.

Aufgaben der Spielleitung: Die Spielleitung fasst die markanten Aussagen der beiden Geschichten kurz zusammen und weist auf die Unterschiede hin. Danach führt sie die Abfrage durch, indem sie sagt: „Alle, die meinen, dass die Geschichte 1 von (Schülername) stimmt, legen ihre Zettel mit der 1 abgedeckt vor sich auf den Boden und alle, die für die Geschichte 2 plädieren, die 2." Danach löst der Erzähler das Rätsel auf und die Zettel werden aufgedeckt. Auf einer Namensliste werden die Teilnehmer, die richtig liegen, markiert und erhalten einen Punkt. Die Ergebnisse des gesamten Spielverlaufs werden addiert und die Person mit den meisten Treffern gewinnt.

Falls Schüler die Situation für eine unangemessene Selbstdarstellung nutzen oder Dinge erzählen, die nur auf die Sensationslüsternheit der Zuhörer ausgerichtet sind, oder wenn in den Geschichten abwertend über Mitschüler gesprochen wird, sollte die Spielleitung sie unterbrechen. Meistens reicht schon ein kurzer Hinweis wie: „(Name), du bist im falschen Film und auf dem falschen Sender. Wir spielen hier gerade nicht Dschungelcamp und du bist momentan kein Influencer."

Lerneffekt: Nach dem Spiel sprechen sich oft Schüler auf bestimmte Aspekte der persönlichen Geschichten an und beginnen zu kommunizieren.

Einigen Schülern ist anfänglich mehr oder weniger deutlich anzumerken, welche ihrer Darstellungen stimmt. Bei den meisten ändert sich das zunehmend und die Präsentationen werden präziser und sachlicher.

Variante: Mit versierten Schülern ist es auch möglich, zwei Kurzreferate zu Fachthemen halten zu lassen, von denen das eine stimmt und das andere Humbug ist. Das setzt aber beim Publikum Interesse für die Themen und entsprechende Kenntnisse voraus.

Kuckuck

Ort: Raum mit freier Fläche, draußen oder Turnhalle
Einsatzmöglichkeiten: für Gruppen ab 20 Teilnehmern
Material: Kreppklebeband, schwarze Eddings, eine große Trennwand, die je nach Ort und Ausstattung aus einem Paravent, einer Wäscheleine mit großen blickdichten Tüchern oder einem Stufenbarren mit einer großen Bodenmatte zwischen den Holmen bestehen kann.
Dauer: ca.7 – 10 Min., nach Belieben verlängerbar

Spielbeschreibung: Jeder Teilnehmer schreibt seinen Namen auf ein Stück Klebestreifen und heftet ihn gut sichtbar an seinen Oberkörper. Die Großgruppe wird in zwei gleich große Gruppen geteilt, die sich jeweils in einer Warteschlange vor und hinter der Abtrennung aufstellen. Die Spielleitung steht an der Kopfseite der Abtrennung und hat beide Gruppen im Blick. Immer wenn sie ein vorher vereinbartes Signal (Ruf, Pfiff) ertönen lässt, treten die beiden ersten aus den zwei Schlangen vor und rufen den Namen des Gegenübers. Wer zuerst ruft, bleibt in seiner Gruppe. Die unterliegende Person wechselt in die andere Gruppe.
Kommentar: Obwohl es bei diesem Spiel eigentlich keine Gewinner und Verlierer gibt, kommt es im Spielverlauf in der Regel zu Wettbewerbssituationen und Strategieentwicklungen: Die Reihenfolge der Personen wird z. B. verändert, Brillen werden abgesetzt und Kleidungsstücke getauscht, um die andere Mannschaft zu überraschen und zu verwirren.
Variante: Man kann ohne Namensschilder starten. Wer sich nicht kennt, macht sich bekannt und beide bleiben in ihrer Gruppe. So kommt es erst nach und nach zu schnelleren Reaktionen und Wechseln der Seiten.
Lerneffekt: Alle Teilnehmer kennen sich untereinander mit Namen.

Knüppel

Ort: Platz für einen großen Stuhlkreis
Einsatzmöglichkeiten: für Gruppen ab 10 Teilnehmern
Material: ein Stuhl weniger als die Anzahl der Teilnehmer, eine mit Kreppklebeband umwickelte Zeitungsrolle von ca. 40–50 cm Länge
Dauer: ca. 15 Min., nach Belieben verlängerbar

Spielbeschreibung: Zu Beginn des Spiels steht ein Spieler in der Mitte, mit dem Knüppel in der Hand. Die Spielleitung nennt einen Namen aus der Runde. Der Teilnehmer mit dem Knüppel versucht, ihm mit dem Knüppel einen sanften Schlag auf den Oberschenkel zu versetzen. Der genannte Teilnehmer versucht das zu verhindern, indem er schnell einen anderen Namen sagt. Der Teilnehmer mit dem Knüppel versucht dann, diesen zu treffen. Gelingt ihm das, kann er sich setzen und den Knüppel an den Getroffenen weitergeben. Bevor er sich niederlässt, muss er aber noch schnell einen anderen Namen aus der Runde nennen, sonst kann er gleich wieder getroffen werden. Es geht also darum, nicht abgeschlagen zu werden und den Teilnehmer mit dem Knüppel schnell weiterzuleiten, indem man einen anderen Namen nennt. Dabei ist es nicht erlaubt, den Namen des Mitspielers zu nennen, von dem man gerade benannt wurde.

Als Erschwernis kann man auch einen Namen rufen und auf einen Mitspieler zeigen, der anders heißt.
Aufgaben der Spielleitung: Das Spiel ist ein sehr schnelles Spiel. Es ist ratsam, vor Beginn des Spiels sehr deutlich zu demonstrieren, dass mit dem Knüppel nur auf das Knie des sitzenden Teilnehmers getippt werden darf. Auch das Sitzen im Stuhlkreis sollte besprochen werden. Der leichte Schlag eines Knüppels tut zwar nicht weh, aber im Eifer des Gefechts können ausgestreckte Beine oder zusammengekauerte Sitzhaltungen doch dazu führen, dass der Teilnehmer mit dem Knüppel stolpert oder andere Körperteile als die erlaubten Oberschenkel trifft.
Plan B: Manchmal beschweren sich Teilnehmer darüber, dass der Spieler mit dem Knüppel bei ihnen fester zuschlägt als bei anderen. Es empfiehlt sich, das Spiel zu unterbrechen und von verschiedenen Mitspielern noch einmal demonstrieren zu lassen, worauf zu achten ist.
Lerneffekt: Neben dem Kennen der Namen kommt es bei diesem Spiel auf eine hohe Reaktionsgeschwindigkeit an, die noch durch den ständigen Wechsel der Sitzordnung in der Runde erschwert wird. Trotz der Geschwindigkeit sind Rücksichtnahme auf die Dosierung von Bewegungsabläufen und Schlagkraft gefragt.

6.2 Gegenseitige Wahrnehmung

Im Dunkeln tappen

Ort: großer freier Raum mit einer Bestuhlung an den Wänden
Einsatzmöglichkeiten: für Gruppen ab 8 Teilnehmern
Material: Für jede Person eine Augenbinde; viele unterschiedliche Gegenstände: von Steinen, Holzstücken über Musikinstrumente bis zu Legofiguren, ungewöhnlichen antiken Küchenutensilien und Teddybären ist alles möglich.
Dauer: ca. 20 Min.

Spielbeschreibung: Alle Teilnehmer binden sich vor dem bereits mit den Gegenständen präparierten Raum eine Augenbinde um, begeben sich vorsichtig auf den Fußboden und krabbeln in den Raum. Dort können sie tastend verschiedene Gegenstände untersuchen (Abb. 3). Wenn sie einen gefunden haben, der sie interessiert, bzw. zu dem sie sich äußern wollen, nehmen sie die Augenbinde ab, setzen sich ruhig auf einen Stuhl und warten kommentarlos ab, bis die anderen auch so weit sind. Danach stellen alle Teilnehmer ihren Gegenstand vor und erzählen kurz etwas zu ihrer Wahl.

Abb. 3: Fundstück

Unterwegs darf den anderen Teilnehmern nichts weggenommen werden. Alle dürfen sich nur vorsichtig, rücksichtsvoll und weitgehend geräuschlos bewegen und sollten nicht sprechen.

Aufgaben der Spielleitung: Zunächst sollte die Spielleitung die Teilnehmer dahingehend beruhigen, dass sie nichts Ekliges oder Unangenehmes erwartet. Danach muss das Suchen beobachtet und eventuell für Ruhe gesorgt werden. Wer stört, muss den Raum verlassen. Sie moderiert die Vorstellungs- und die Reflexionsphase darüber, wie der Einzelne es fand, blind durch die Gegend zu tappen. Zurückhaltende Teilnehmer werden ermuntert, etwas zu ihrem Fundstück zu sagen.

Lerneffekt: Meistens werden Kindheitserinnerungen wach. Es ist interessant, etwas über die unterschiedliche Wahrnehmung und die verschiedenen Eindrücke der anderen zu erfahren, vor allem, da man selbst vorher einige der Gegenstände untersucht hat, über welche die anderen berichten.

Meine Stelle – deine Stelle

Ort: großer Raum oder Sporthalle
Einsatzmöglichkeiten: für Gruppen ab 6 Teilnehmern
Material: Gong, Glocke o. ä.
Dauer: ca. 3–5 Min. je Durchgang

Spielbeschreibung: Es werden Paare gebildet. Jede Person überlegt sich eine „unverfängliche" Stelle ihres Körpers, die sie von dem anderen nicht berührt haben möchte, und teilt sie dem Gegenüber mit. Der andere Teilnehmer hat auch eine solche Stelle. Während des Spiels gilt es, diese Stelle des Gegenübers zu erreichen und gleichzeitig, die eigene zu schützen. Immer wenn der Gong ertönt, wird gewechselt. Es werden so lange andere Paare gebildet, bis jede Person einmal mit jedem anderen Teilnehmer „gefochten" hat.
Aufgaben der Spielleitung: Die Spielleitung ist Zeitwächter und betätigt den Gong. Damit strukturiert und beaufsichtigt sie den Spielablauf und achtet darauf, dass es allen Teilnehmern gut geht und sich z. B. niemand zu sehr verausgabt oder sich zu sehr bedrängt fühlt. Wenn dem so sein sollte, kann sie den Gong benutzen und z. B. eine kurze Reflexionsphase einschieben.
Lerneffekt: Bei diesen Sequenzen von kurzen Spaßkämpfen mit wechselnden Partnern nimmt man sich gegenseitig sehr intensiv wahr. Es kommt auch zu einem erheblich längeren Blickkontakt als sonst üblich, doch ist das nicht unangenehm. Man muss genauer und länger hinschauen, da das Spiel verlangt, die Aktionen und Reaktionen des Gegenübers vorauszusehen. Manchmal erkennt man so z. B. zum ersten Mal, dass (Name) graue Augen hat.

Obstsalat

Ort: Platz für einen großen Stuhlkreis
Einsatzmöglichkeiten: für Gruppen ab 10 Teilnehmern
Material: ein Stuhl weniger als die Anzahl der Teilnehmer
Dauer: ca. 15 Min., nach Belieben verlängerbar

Spielbeschreibung: Die Person, die in der Mitte des Stuhlkreises steht, gibt das Motto vor, z. B.: „Alle, die in der letzten Nacht weniger als sieben Stunden geschlafen haben". Dann wechseln alle, auf die das zutrifft, und die Person in der Mitte die Plätze. Da ein Stuhl weniger vorhanden ist, als Personen teilnehmen, bleibt eine Person übrig, die dann wieder ein Motto ansagt. Zum gleichen Stuhl zurückzukehren, ist nicht erlaubt. (Es sollten große Wechselbewegungen stattfinden und nicht nur ein seitliches Hinübergleiten auf den nächsten Stuhl.)

Wenn jemandem nichts einfällt oder wenn alle wechseln sollen, sagt derjenige: „Obstsalat“.

Aufgaben der Spielleitung: Die Spielleitung achtet auf einen zügigen Wechsel der Personen und den geregelten Ablauf des Spiels. Teilnehmer, die eventuell kontinuierlich sitzen bleiben, spricht sie konkret an und ermuntert sie zur aktiven Teilnahme.

Variante: Um bestimmte Informationen zu erhalten, ist eine thematische Eingrenzung möglich, z. B. indem der Spielleiter vorgibt, dass sich alle gestellten Fragen bzw. Ankündigungen um das letzte Wochenende drehen sollen.

Plan B:

a Das Spiel wird schnell langweilig, wenn sich immer dieselbe Person in der Mitte einfindet oder sich die Abfragen auf materiellen Besitz oder das Spielen von Computerspielen einpendeln. Deshalb können zur Verhaltensregulierung variable Zusatzregeln oder Sperren eingeführt werden. So kann für jemanden, der das dritte Mal in der Mitte steht, vom jüngsten Schüler ein Stellvertreter benannt werden.

b Beleidigende Motti wie: „Alle, die Kevin blöd finden.“, darf man nur über sich selbst formulieren. Darauf folgen oft überraschende Ergebnisse.

Wer ist der Boss?

Ort: Raum oder ein Platz draußen für einen großen Kreis
Einsatzmöglichkeiten: für Gruppen ab 10 Teilnehmern
Dauer: ca. 7 – 10 Min., nach Belieben verlängerbar

Spielbeschreibung: Ein Spieler, der den Boss herausfinden möchte, verlässt den Raum. Die anderen bestimmen einen Boss und der Spieler kehrt zurück. Der „Boss“ macht eine Bewegung oder einen kurzen Bewegungsablauf und verändert diesen immer wieder. Alle aus der Gruppe ahmen diese Bewegungen möglichst synchron nach. Die ratende Person muss durch genaue Beobachtung herausfinden, wer den neuen Bewegungsimpuls setzt und somit der Boss ist.

Wenn der Boss gefunden wurde, beginnt das Spiel mit neuer Besetzung von Boss und Sucher von vorn.

Aufgaben der Spielleitung: Wenn Schüler zu lange in einer Bewegungsform verharren, kann der Spielleiter in den Kreis hineinsprechen und zu einem Bewegungswechsel motivieren. Und sie gibt strategische Tipps, wie man unauffällig beobachten kann, falls der „Boss“ zu sehr mit Blicken fixiert wird. Es ist hilfreich, die Rateversuche auf drei zu begrenzen, damit nicht willkürlich geraten wird.

Schmuggeln

Ort: Raum oder ein Platz draußen für einen großen Kreis
Einsatzmöglichkeiten: für Gruppen ab 10 Teilnehmern
Material: Eine etwas dickere Schnur und verschiedene Gegenstände, die sich auffädeln lassen (Ringe, dicke Perlen etc.). Damit die Abstände gleichmäßig ausfallen, sollte die Schnur den Umfang des Personenkreises haben, sodass alle Personen Schulter an Schulter nebeneinanderstehen.
Dauer: ca. 15–20 Min., nach Belieben verlängerbar

Spielbeschreibung: Eine Person entfernt sich so weit von der Gruppe, dass sie den Verbleib des versteckten Gegenstands nicht mitbekommt. Der Gegenstand wird auf die Schnur gezogen, die Schnur wird innerhalb des Personenkreises von allen Mitspielern mit beiden Fäusten gehalten und an den Enden zusammengeknotet. Zu Beginn befindet sich der Gegenstand in der Faust eines Teilnehmers. Durch streichende Bewegungen beider Hände die Schnur entlang wird von allen Teilnehmern an allen Stellen die Übergabe des Gegenstandes simuliert. Gleichzeitig muss der Gegenstand aber auch weiterbefördert werden, wobei die Richtung gewechselt werden kann. Die suchende Person begibt sich in die Mitte des Kreises und versucht herauszufinden, wo sich der Gegenstand gerade befindet. Wenn sie einen Verdacht hat, zeigt sie auf die vermutete Person. Diese muss beide Hände von der Schnur lösen und die offenen Handflächen zeigen. Falls der Gegenstand bei ihr vorgefunden wird, muss diese Person suchen, falls nicht, hat der oder die Suchende noch zwei Versuche, bevor gewechselt wird.
Varianten:

a Es lassen sich auch zwei, drei Gegenstände gleichzeitig in Umlauf bringen. Besonders interessant wird es dann, wenn sich die Gegenstände überholen oder aus verschiedenen Richtungen kommen.

b Auch besonders große Gegenstände, die kaum in eine Faust passen, sind eine Herausforderung sowie die Aufgabe, Gegenstände, die auch noch Geräusche oder Lichteffekte von sich geben wie Glöckchen oder flackernde Elemente aus dem Angelbedarf, zu transportieren und dabei zu tarnen.

Lerneffekt: Neben dem Sozialverhalten beim Haut- und Handkontakt der Teilnehmer wird hier auch die Eigenwahrnehmung der Hände gefördert. Denn je nach Beschaffenheit der Schnur können die Hände durch die Reibung ganz warm werden oder die Haut kann sich ganz weich und zart anfühlen.

Wie viele Hände?

Ort: Klassenraum oder Sporthalle
Einsatzmöglichkeiten: für Gruppen ab 6 Teilnehmern
Material: eine Augenbinde, Kopien mit Vorder- und Rückansicht eines Menschen, rote Buntstifte
Dauer: ca. 15–20 Min.

Spielbeschreibung: Jeder Teilnehmer bekommt ein Blatt mit der Abbildung einer Vorder- und Rückansicht eines Menschen und einen roten Buntstift. Jeder schreibt seinen Namen auf sein Blatt und malt die Körperregionen oder Körperteile rot aus, an denen er von den anderen Teilnehmern nicht berührt werden möchte. Ein Spieler verbindet sich die Augen. Die übrigen Teilnehmer einigen sich ohne zu sprechen darauf, wie viele Hände auf den Körper des Mitspielers mit den verbundenen Augen gelegt werden. Dabei sind die rot gekennzeichneten Körperregionen oder Körperteile des Teilnehmers mit den verbundenen Augen zu berücksichtigen. Die Mitspieler legen ihre Hände sanft auf den Körper des Teilnehmers mit verbundenen Augen und verharren dort einen Augenblick. Auf ein Zeichen der Spielleitung nehmen sie ihre Hände weg und stellen sich in einiger Entfernung zum Teilnehmer mit den verbundenen Augen auf. Nun darf dieser seine Augenbinde abnehmen und sagen, wie viele Hände er auf seinem Körper gespürt hat
Kommentar: Mit den individuell markierten und damit festgelegten Tabuzonen auf Papier werden die Selbstbestimmung und Selbstwirksamkeit des Teilnehmers mit den verbundenen Augen verstärkt. Gleichzeitig wird mit dem Einbringen von Zetteln mit vorher markierten Stellen verhindert, dass es zu unerwünschten Gesprächen und Nachfragen während des Spiels kommt, weil sich Teilnehmer nicht alle Tabuzonen merken konnten. Insgesamt wird so eine Art von Vertrag hergestellt und das Risiko von Vertrauensbrüchen minimiert.
Lerneffekt: Mit verbundenen Augen werden nicht nur die Fremd- und Eigenwahrnehmung und das Körpergefühl, sondern auch das Vertrauen in die anderen Teilnehmer verstärkt. Das geschieht auch durch die Forcierung bewusst herbeigeführter Berührungen und direkten Körperkontakt beim Auflegen der Hände auf den Körper eines Mitschülers.

6.3 Ausdrucksmöglichkeiten

Was ist hier los?

Ort: großer Raum oder Platz draußen
Einsatzmöglichkeiten: für Gruppen ab 10 Teilnehmern
Material: Themenzettel
Dauer: ca. 5 Min., nach Belieben verlängerbar

Spielbeschreibung: Die Großgruppe teilt sich in zwei Gruppen auf. Die beiden Gruppen stehen sich mit einem Abstand von mindestens fünf Metern gegenüber. Die Gruppen haben abwechselnd die Aufgabe, das Thema prägnant darzustellen oder möglichst schnell zu erfassen, was von der anderen Gruppe dargestellt wird.

Eine Gruppe bekommt vom Spielleiter einen Themenzettel, auf dem z. B. *Drogenszene am Hauptbahnhof* steht.

Aufgabe der Gruppe ist nun eine wort- und geräuschlose Spontaninszenierung dieses Themas mit allen Gruppenteilnehmern. Sobald die andere Gruppe das Thema erraten hat, wird gewechselt und sie bekommt ein neues Thema.
Kommentar: Als Themenbeispiele bieten sich an: Hochzeit, Beerdigung, Kindergarten, Wartezimmer beim Arzt, Marathonlauf, Paragleiten, Am Strand, Modeschau, Fans im Fußballstadion, Fahrkartenkontrolle, Kinderspielplatz mit Karussell, Verkehrsunfall, Operation am offenen Herzen usw.
Nach einigen Wechseln machen die Teilnehmer meistens von sich aus Vorschläge, was sie gerne darstellen oder sehen wollen.
Variante: Wer fehlt? Schüler können spontan in eine Situation springen und sie durch die wesentliche Figur auffüllen, die in der Szene fehlt.
Lerneffekt: Die wort- und geräuschlose Spontaninszenierung zu unterschiedlichen Themen setzt eine schnelle Aufnahme und Umsetzung von Impulsen voraus. In vielen Gruppierungen sind Teilnehmer, die Spaß daran haben und andere mitreißen. Durch gegenseitige Anregungen kommt es zur Anpassung der eigenen Person an ein Gesamtbild. Der Vorgang, als Gruppe blitzschnell eine markante Ausdrucksform zu finden, typische Eigenschaften einzubringen oder Klischees zu bedienen, setzt eine starke Energie frei, die von vielen Schülern noch nie erfahren wurde.

Der Hamster ist tot

Ort: Platz für einen Stuhlkreis
Einsatzmöglichkeiten: für Gruppen ab 6 Teilnehmern
Material: ein Stuhl für jeden Teilnehmer
Dauer: ca. 10–15 Min.

Spielbeschreibung: Der Teilnehmer, der herausfinden möchte, wie der Hamster zu Tode kam, verlässt die Gruppe und begibt sich außer Hörweite. Die Gruppe entwickelt Ideen und einigt sich auf eine kurze Geschichte, aus der Todesart, eventuelles Fremdverschulden und Ort eindeutig hervorgehen müssen. Dann wird die ratende Person zurückgerufen. Sie beginnt bei einem Teilnehmer mit einer Frage, die man nur mit Ja oder Nein beantworten kann. Lautet die Antwort Ja, darf sie derselben Person eine weitere Frage stellen. Sobald eine Frage mit Nein beantwortet wird, muss die nächste Frage an den daneben sitzenden Teilnehmer gestellt werden, bis sich die Todesursache reihum so nach und nach herausstellt.
Lerneffekt: Für die meisten Schüler ist es zunächst schwierig, Fragen so zu formulieren, dass sie nur mit Ja oder Nein beantwortet werden können. Auch die Teilnehmer, die sich die Geschichte zur Todesursache ausgedacht haben, verspüren oft den Impuls, noch mehr zu erzählen oder zu diskutieren. Mit zunehmender Übung legen sie sich einerseits eine Fragetechnik zu, mit der sie Fragen so konkret und präzise stellen können, dass sie auch ganz skurrile Todesarten herausbekommen. Andererseits werden die Fallgeschichten besser abgesichert und die Teilnehmer sind zunehmend in der Lage, ein Pokerface aufzusetzen und den Fragenden mit einem einfachen Ja oder Nein zu konfrontieren.

Emotionen-Quiz

Ort: Platz für einen Stuhlkreis
Einsatzmöglichkeiten: für Gruppen ab 4 Teilnehmern
Material: Karten mit einem Begriff oder einer Abbildung für ein Gefühl
Dauer: ca. 15–20 Min., nach Belieben verlängerbar

Spielbeschreibung: Die Spielleitung hält einen Stapel Karten in der Hand und ruft den ersten Teilnehmer zu sich. Der wirft einen Blick auf die Karte und stellt mimisch und gestisch das genannte oder abgebildete Gefühl dar. Die anderen Teilnehmer raten, um welches Gefühl es sich handelt. Wer richtig rät, erhält die

Karte und der nächste Teilnehmer wird aufgefordert, das Gefühl der folgenden Karte sprachlos darzustellen. Wer die meisten Karten hat, ist Gewinner.
Aufgaben der Spielleitung: Da nicht allen Teilnehmern Begriffe wie „euphorisch" bekannt sind und es zudem nicht immer einfach ist, Gefühle eindeutig und mit der notwendigen Trennschärfe darzustellen, darf die Spielleitung den Darsteller auch beraten. Wenn sich der Rateprozess in die Länge ziehen sollte, kann die Spielleitung Tipps geben, die zur Lösung beitragen.
Varianten:

a Abweichend von dieser Spielform kann aber auch der Teilnehmer, der rät, nach draußen geschickt werden und die gesamte Gruppe stellt die gesuchte Emotion dar.
b Mit großen Gruppen kann das Spiel Wettbewerbscharakter annehmen, indem für zwei Gruppen identische Karten, aber in unterschiedlicher Reihenfolge vorhanden sind. Darstellungs- und Rateprozesse verlaufen parallel. Die Gruppe, die als erste keine Karte mehr hat, gewinnt.

Lerneffekt: Neben dem Kennenlernen weiterer Begriffe für verschiedene Gefühle, kann erfahren werden, wie individuell und facettenreich Körper- und Gesichtsausdrücke sein können, um Gefühle nuanciert darzustellen.

Regieanweisungen

Ort: großer freier Raum oder freier Platz im Klassenraum
Einsatzmöglichkeiten: für Gruppen ab 8 Teilnehmern
Material: falls vorhanden Bühne oder Podest, eine Trennwand, 2 Stühle, Stuhlreihe für das Publikum, Karten mit Regieanweisung, Wertungskarten
Dauer: ca. 4–6 Min. pro Durchgang

Spielbeschreibung: Zwei freiwillige Teilnehmer setzen sich links und rechts von der Trennwand auf einen Stuhl. Vor der Trennwand steht ein Regisseur, das Publikum sitzt mit einigem Abstand davor. Der Regisseur geht zu einem der beiden Darsteller und zeigt ihm eine Karte. Darauf kann z. B. stehen: „tot". Der Darsteller nimmt die Position eines Toten ein und verharrt so.

Nun stellt sich der Regisseur so vor die Trennwand, dass er beide Bereiche und beide Personen auf ihren Stühlen links und rechts sehen kann, und gibt ausschließlich verbale Anweisungen, wie sich die zweite Person hinsetzen soll. Er darf die Position nicht vormachen und den zweiten Teilnehmer auch nicht in die Position biegen. Wenn der Regisseur fertig ist, vergleicht das Publikum die

Positionen der beiden Darsteller und stimmt mit Wertungskarten von 3–5 ab, ob die Regieanweisungen gut waren. Danach erfolgt ein Personenwechsel mit Teilnehmern aus dem Publikum.
Aufgaben der Spielleitung: Nach der Einweisung achtet die Spielleitung auf eine freundliche, sachliche Sprache bei den Anweisungen und moderiert zwischen Publikum, Darstellern und Regisseur.
Plan B: Kommt es durch Teilnehmer aus dem Publikum oder auf der Bühne zu abwertenden oder anzüglichen Bemerkungen, sollte die Darbietung unterbrochen werden.

Die betreffenden Personen (Darsteller oder Zuschauer) können nach einem kurzen Diskurs zu Schauspielformen und Zivilcourage direkt namentlich auf die Bühne gerufen und zu einer „öffentlichen Publikumsbeschimpfung" aufgerufen werden (Handke 1966). Das wollen die Verursacher meist nicht. Danach ändert sich aber der Umgang und das Geschehen zwischen Darstellern und Publikum.
Varianten:

a Es werden Tabuworte bestimmt, die man bei der sprachlichen Ausrichtung der Person nicht benutzen darf, z. B. das Wort „Bein".
b Der Regisseur biegt die Person auf der einen Seite wie eine Gummipuppe in eine Sitzposition. Der Teilnehmer von der anderen Seite kommt herüber, guckt sich die Position genau an und setzt sich danach auf seiner Seite möglichst genau so hin. Der Regisseur kann noch korrigieren. Dann erfolgt eine Abstimmung durch das Publikum.

Lerneffekt: Für den Regisseur sind eine genaue Beobachtung und eine präzise Ausdrucksweise wichtig, um eine andere Person rein verbal in eine konkrete Haltung zu bringen. Die Darsteller müssen auf der Grundlage von sprachlichen Informationen eine bildliche Vorstellung entwickeln und sie wie durch eine Fernsteuerung betätigt umsetzen. Auch das Publikum erhält durch Empathie eine Ahnung davon, wie schwierig und kleinschrittig das sein kann.

Bombe

Ort: Raum mit Platz für einen Stuhlkreis
Einsatzmöglichkeiten: für Gruppen ab 8 Teilnehmern
Material: eine „Bombe", z. B. aus den Spielen „Tick-Tack Bumm", „Das explosive Wortspiel" oder „Piatnik", oder eine Eieruhr
Dauer: je nach Durchgängen und Anzahl der Themen ca. 15–20 Min.

Spielbeschreibung: Es wird ein Thema angekündigt, z. B. „Adventszeit“, die Bombe wird angestellt und derjenige, der sie in der Hand hält, nennt schnell einen Begriff, der mit der Adventszeit zu tun hat, und gibt die Bombe dann im Uhrzeigersinn an seinen Nachbarn weiter. Kommt es bei einem Teilnehmer zu einem Explosionsgeräusch, während er sie noch in der Hand hält, muss dieser seinen Stuhl umdrehen und danach die Bombe nur weitergeben. Jeder Begriff darf im Durchgang „Adventszeit“ nur einmal genannt werden und muss eindeutig zuzuordnen sein. Der Durchgang ist beendet, wenn sich die verbleibenden Teilnehmer einig sind, dass keinem mehr etwas zu dem Thema einfällt.
Aufgaben der Spielleitung: Die Spielleitung passt auf, dass sich die Nennungen eines Begriffs nicht wiederholen, reguliert die Lautstärke und achtet darauf, dass ausdrucksschwächere Teilnehmer nicht überfordert sind. Falls sich das abzeichnet, kann sie zu einer neuen Themenwahl umschwenken.
Kommentar: Besonders interessant und aufschlussreich sind die Themenstellungen „Schimpfwörter“ und „Komplimente“.
Plan B: Wenn es Streit darüber gibt, bei wem die Bombe explodiert ist, dann zählt, wer sie in der Hand hält.
Lerneffekt: Die Teilnehmer können nach und nach mit Stresssituationen besser umgehen und ihnen fällt, wenn sie sich fokussieren, zunehmend etwas ein.

6.4 Affektregulierung

Armer schwarzer Kater

Ort: Platz für einen großen Stuhlkreis
Einsatzmöglichkeiten: für Gruppen ab 6 Teilnehmern
Material: ein Stuhl weniger als die Anzahl der Teilnehmer
Dauer: ca. 10 – 15 Min., nach Belieben verlängerbar

Spielbeschreibung: Die Person in der Mitte des Kreises hat die Aufgabe, einen der Teilnehmer im Stuhlkreis auszuwählen und zum Lachen zu bringen. Anders als in dem bekannten Spiel, muss sie nicht vor ihm hocken und miauen, sondern kann drei Mal irgendetwas tun oder sagen, was sie für geeignet hält. Sie darf allerdings nicht näher als 30 cm an das Gesicht des Teilnehmers heran und darf ihn nicht berühren.

Nach jedem Versuch macht sie eine Pause und der anvisierte Teilnehmer muss ein Streicheln über den Kopf des Katers andeuten und dabei ganz ruhig und ohne zu lachen oder zu lächeln sagen: „Armer schwarzer Kater“. Gelingt

das, muss sich der Kater einen anderen Teilnehmer aussuchen. Wurde ein Teilnehmer zum Lachen gebracht, ist er der Kater.
Aufgaben der Spielleitung: Manchmal müssen Ordnungskriterien überwacht und geregelt werden. Wenn sich „der Kater" z. B. nach nur einem Versuch direkt dem nächsten zuwendet, weil nicht sofort gelacht wurde.

Falls der Kater nach drei Personen keinen Erfolg hat, appelliert die Spielleitung an die Gruppe, ob nicht jemand anderes den Kater mimen möchte.
Lerneffekt: Einige Schüler haben eine hohe Lachbereitschaft, können den Impuls aber angemessen regulieren, andere lachen unkontrolliert über alles und jedes. Einmal angefangen, haben sie Schwierigkeiten wieder aufzuhören. Den meisten Teilnehmern aus der zweiten Gruppierung gelingt nach einigen Durchgängen dieses Spiels eine erheblich bessere Affektregulierung und sie werden auch durch variantenreiche Darstellungen kaum noch aus der Fassung gebracht.

Schlafkönig

Ort: Klassenraum
Einsatzmöglichkeiten: für Gruppen ab 4 Teilnehmern
Material: alles im Klassenraum Vorhandene
Dauer: je nach Gelingen

Spielbeschreibung: Jeder Teilnehmer sucht sich einen Platz und eine Position, die er möglichst lange durchhalten kann. Wenn alle so weit sind, gibt die Spielleitung ein Startzeichen und von da an darf niemand mehr sprechen, sich bewegen oder Geräusche machen. Wer sich nicht daran hält oder dabei erwischt wird, muss den Raum verlassen.
Lerneffekt: Für die meisten Schüler ist es eine neue Erfahrung: Ich kann ganz bei mir und ganz ruhig sein und wir alle zusammen können es auch. Es macht sie stolz und kann sich auch auf andere Unterrichtssituationen übertragen.

Museumswächter

Ort: Klassenraum
Einsatzmöglichkeiten: für Gruppen ab 6 Teilnehmern
Material: alles im Klassenraum Vorhandene
Dauer: je nach Gelingen

Spielbeschreibung: Wie beim Spiel „Schlafkönig" verteilen sich alle Teilnehmer im Klassenraum und wählen eine Position, die sie für längere Zeit durchhalten können. Alle Teilnehmer sind dieses Mal Statuen in einem Museum, bis auf einen, der als Museumswächter bestimmt wird. Sobald der Museumswächter nicht in ihre Richtung blickt, müssen sich alle Statuen bewegen. Wenn sie dabei von ihm erwischt werden, sind sie aus dem Spiel. Zusätzlich versucht der Museumswächter aktiv, die Statuen zum Lachen zu bringen oder irgendwelche Reaktionen zu provozieren. Wer zum Schluss des Spiels als Statue übrig bleibt, hat gewonnen.
Lerneffekt: Die Teilnehmer, die eine Statue spielen, dürfen sich nicht erwischen oder aus der Reserve locken lassen. Aber richtig schwierig wird es bei geübten Spielern für den Museumswächter. Denn über stereotype Ausdrucksformen lacht niemand mehr. Er muss sich wirklich etwas einfallen lassen.

Wer hat meinen Schuh geklaut?

Ort: Sporthalle
Einsatzmöglichkeiten: für Gruppen ab 8 Teilnehmern
Material: ein (Holz-)Schuh
Dauer: ca. 10 – 15 Min.

Spielbeschreibung: Die Ausmaße des Spielfeldes werden festgelegt. Vor der Kopflinie steht der Rufer mit dem Rücken zur Teilnehmergruppe, die am Ende des Spielfeldes hinter der Startlinie steht. Ca. drei bis fünf Meter hinter dem Rufer liegt der Schuh im Spielfeld auf dem Boden. Immer wenn der Rufer ruft: „Wer hat meinen Schuh geklaut?", steht er dabei mit dem Rücken zur Gruppe. Während er ruft, bewegen sich die Teilnehmer der Gruppe auf den Schuh zu. Sobald der Rufer seinen Satz zu Ende gerufen hat, dreht er sich um und kann jeden, der nicht bewegungslos verharrt, hinter die Startlinie zurückschicken. Das wiederholt sich mehrere Male. Irgendwann hat ein Teilnehmer der Gruppe den Schuh erreicht und an sich genommen. Dann hat die Gruppe gewonnen. Wenn sie beim Diebstahl ertappt wird, hat der Rufer gewonnen.
Variante: Nachdem einem Teilnehmer der Diebstahl gelungen ist, begibt sich die Gruppe auf den Rückweg. Der Schuh kann untereinander weitergereicht werden, darf aber nur mit den Händen gehalten werden. Der Rufer darf nach jedem Umdrehen einen Verdacht äußern, welche Person der Gruppe im Besitz des Schuhs ist. Die muss beide Hände heben. Wird so jemand mit Schuh erwischt, hat der Rufer gewonnen. Schafft die Gruppe es, den Schuh hinter ihre Linie zu bringen, hat die Gruppe gewonnen.

Aufgaben der Spielleitung: Sie muss darauf achten, dass die Regeln eingehalten werden, und den Rufer unterstützen, indem sie eine zweite Einschätzung darüber abgibt, ob jemand gewackelt hat oder nicht.
Kommentar: Die Aufgabe des Rufers ist für Schüler sehr attraktiv, aber oft zu schwierig. Da sie sich zu früh oder zu spät umdrehen, kommt es meist zu Unstimmigkeiten. Es klappt in der Regel besser, wenn der Satz konsequent von einem Erwachsenen gerufen wird.
Lerneffekt: Die nonverbale Abstimmung und geheime Einigung, wer den Schuh nimmt, erfordert Selbstdisziplin. Besonders bei der Variante mit dem Rückweg kommt es nicht nur auf eine gute Zusammenarbeit, sondern auch auf eine starke Affektregulierung beim Tarnen und Täuschen an.

Wassertransport

Ort: draußen, bei hohen Temperaturen
Einsatzmöglichkeiten: für Gruppen ab 6 Teilnehmern
Material: 4 Eimer, 20 Liter Wasser, verschiedene kleine Becher und Gefäße, 2 Messbecher
Dauer: ca. 15–20 Min.

Spielbeschreibung: Alle Teilnehmer suchen sich einen Behälter aus. Dann werden aus der Gesamtgruppe zwei Mannschaften gebildet und die parallele Streckenführung und –länge festgelegt. Startpunkt ist jeweils ein gefüllter Eimer Wasser (10 l), Zielpunkt ein leerer Eimer. Die Aufgabe ist, das Wasser von dem einen Eimer in den anderen zu befördern, indem es auf der ganzen Strecke immer von einem Behälter in den anderen umgefüllt wird. Dabei darf der, von dem man das Wasser erhält, nicht der gleiche sein, an den man das Wasser weitergibt. Gewinnermannschaft ist diejenige, die in der kürzeren Zeit das meiste Wasser von A nach B transportiert hat. Die Wassermenge wird mit den Messbechern abgemessen.
Aufgaben der Spielleitung: Streckenführung, Start, Weitergabe und Messung beaufsichtigen und überprüfen. Reflexion zu Schwierigkeiten, Zusammenarbeit und Strategien inszenieren und begleiten, Revanchewunsch erfragen.
Variante: Die Streckenführung verläuft diagonal und überschneidet sich.
Plan B: Bei 28° und mehr ist es okay, wenn der Wassertransport in einer Wasserschlacht endet.

6.5 Kooperation und Kommunikation

Panzerknacker

Ort: Sporthalle
Einsatzmöglichkeiten: für Gruppen ab 10 Teilnehmern
Material: 2 Rollbretter, 2 kleine Kästen, 2 Tücher, 2 Karten mit je einer fünfstelligen Zahl, Kreppklebebandband, Reifen, Zahlenkarten
Dauer: ca. 15–20 Min.

Spielbeschreibung: Nach dem Zufallsprinzip entstehen zwei Mannschaften von Panzerknackern. Für jede Mannschaft steht ein streifenförmiges Spielfeld zur Verfügung. An der Kopfseite haben beide Mannschaften je eine unterschiedliche fünfstellige Zahl an der Wand angeheftet und vor der Startlinie als Fahrzeuge zwei Rollbretter.

Die jeweilige Nummer ist der „Code" für den Safe, den es zu knacken gilt. Die Safes befinden sich auf der gegenüberliegenden Hallenseite und bestehen aus je einem Reifen, in dem eine gleiche Anzahl abgedeckter Karten mit Zahlen liegen.

Nach dem Startzeichen darf sich von jeder Gruppe immer nur ein Schüler mit einem Fahrzeug zum Safe bewegen und eine Karte aufdecken. Wenn sie in die Zahlenkombination passt, darf die Karte mitgenommen werden. Wenn nicht, muss die Karte abgedeckt wieder abgelegt und zurückgefahren werden. Hinter der Startlinie muss das Fahrzeug abgestellt werden und der nächste Schüler kann starten. Es ist verboten, über das Spielfeld hinweg zu rufen oder Karten zu zeigen. Außerdem sind auf dem Hinweg noch Hochsicherheitskontrollen zu überwinden und auf dem Rückweg Spuren zu beseitigen:

Auf halber Strecke steht ein kleiner Kasten. Dort muss auf dem Hinweg angehalten und ein Handtuch aufgefaltet werden. Auf dem Rückweg wird das Handtuch ausgeschlagen, der Kasten abgewischt und das Handtuch auf dem Kasten zurückgelassen. Die Gruppe, die als erste ihre Zahlenkombination zusammen hat, geht als Sieger aus diesem Spiel hervor.
Aufgaben der Spielleitung: Nach dem Start besteht die Hauptaufgabe der Spielleitung darin, den regelgerechten Ablauf der Spielhandlung zu überwachen, da das Falten der Tücher und das Ablegen der Karten oft sehr flüchtig vonstattengeht.

Nach Abschluss des Spiels sollte in einer Reflexionsrunde darüber gesprochen werden, ob es Strategien gab und wie diese aussehen. Mit diesem Wissen geht es dann in die Revanche.

Varianten:

a Statt des zu faltenden Handtuchs müssen auf dem Hinweg die Plättchen eines LÜK-Kastens in der richtigen Reihenfolge von 1 bis 24 einsortiert und auf dem Rückweg wieder ausgekippt und auf der Fläche verteilt werden. Das ist gemein. Denn da diese Tätigkeit auch mit Zahlen zu tun hat, werden die des Codes oft vergessen.

b Das Spiel lässt sich auch ins Schwimmbad verlagern, indem die Strecken geschwommen und die Zahlenkarten laminiert werden.

Lerneffekt: Viele Teilnehmer nehmen das Spiel zunächst als Staffel und Glücksspiel wahr und merken nicht, dass sie Strategien entwickeln und kooperieren können, indem sie die schon bekannten Nieten unter den abgedeckten Karten kenntlich machen. Nach der Besprechung und nach dem zweiten Spiel können sie für sich entscheiden, was ihnen besser gefällt, mit oder ohne Kooperation.

Schülergolf

Ort: Außengelände
Einsatzmöglichkeiten: für Gruppen ab 4 Teilnehmern
Material: verschiedene Schläger, Golfbälle oder kleine schwere Bälle, Papphülsen und Rohre für den Bau von Tunneln oder Rampen, Drahtbügel und Holzklötze für Unterführungen und Streckenbegrenzungen, Werkzeug zum Buddeln und Glätten von Erde und Sand, Kreide und/oder Absperrband zum Markieren der Streckenführung, Klemmbretter mit Punktelisten der Einzelteilnehmer und Stifte
Dauer: Zeitrahmen vorher festlegen, ansonsten unbestimmt bzw. unterschiedlich je nach Anzahl der Personen, Stationen und Bewältigung der Schwierigkeitsgrade

Spielbeschreibung: Die Schülergruppe teilt sich in Kleingruppen oder Zweierteams auf. Die jeweiligen Gruppierungen suchen sich einen Bereich des Geländes aus, an dem sie ihre Minigolfstation errichten wollen. Dort besprechen sie sich, was sie bauen wollen und welches Material und Werkzeug sie dafür brauchen. Mit diesen Angaben wendet sich jede Gruppierung an die Spielleitung, welche die Material- und Werkzeugausgabe koordiniert und ggf. Korrekturen vornimmt.

Jede Gruppierung erhält eine Stationsnummer sowie einen Schläger und einen Ball, um direkt auszuprobieren, ob ihr Vorhaben funktioniert. Wenn alle

Stationen annähernd fertiggestellt sind, erstellt jede Gruppierung eine Spielanleitung mit genauen Angaben, wie ihre Station zu durchlaufen ist. Danach wird aus den einzelnen Stationen ein Parcours zusammengestellt und für jede Gruppierung die Startposition für den Gesamtdurchlauf festgelegt.

Die erreichte Punktzahl wird anhand der jeweils benötigten Schläge für jede Einzelperson festgehalten. Wer die niedrigste Schlagzahl hat, gewinnt.

Aufgaben der Spielleitung: Es empfiehlt sich, zwischendurch die Gesamtgruppe noch ein- oder zweimal zusammenzurufen und Lagebesprechungen abzuhalten. So wird deutlich, dass es sich um ein gemeinsames Projekt handelt. Es kann zudem ein Austausch von Material, Werkzeug und Spielanleitungen stattfinden und der Spielleiter kann besser regulierend eingreifen.

Variante: Die Gesamtgruppe baut zusammen eine Station und erweitert sie sukzessive zu einem Parcours.

Lerneffekt: Der hier stattfindende Prozess ist ein klassisches Learning-by-doing-Beispiel. Planung und Konstruktion, Überprüfung der Nutzbarkeit mit eventueller Korrektur und Präsentation des Ergebnisses sowie die Vermittlung der Anwendungsmöglichkeiten im Sinne einer Gebrauchsanweisung sind nicht vorgegeben und bekannt, sondern müssen gemeinsam erfunden werden. Als Bestandteil des sozialen Lernens kommt in diesem Prozess immer wieder der Umgang mit Kritik vor.

Handtuchvolleyball

Ort: Sporthalle
Einsatzmöglichkeiten: für Gruppen ab 12 Teilnehmern
Material: Handtücher, Volleybälle, Netz
Dauer: ca. 15–20 Min.

Spielbeschreibung: Die Teilnehmer bekommen nach dem Spielfeldaufbau und der Spieleinführung Handtücher und Volleybälle in passender Anzahl ausgehändigt und bilden zwei Mannschaften. Immer zwei Personen nehmen ein Handtuch und fassen es an den beiden Außenzipfeln. Dann wird in Partnerarbeit Volleyball gespielt, indem der Ball mit den Handtüchern, wie auf einem Trampolin weitergegeben und über das Netz gebracht wird.

Lerneffekt: Die Teampartner müssen sich sehr gut aufeinander einstimmen, um als Einheit zu agieren. (Es sind auch schon Handtücher in der Mitte durchgerissen!)

Bonbons

Ort: Klassenraum
Einsatzmöglichkeiten: für Gruppen ab 5 Teilnehmern
Material: eine Tüte (gesunde) verpackte Bonbons
Dauer: bis die Tüte leer ist

Spielbeschreibung: Die Teilnehmer stehen in einem Halbkreis zusammen. Mit einem Abstand von ca. zehn Zentimetern werden fünf Bonbons nebeneinander auf dem Fußboden aufgereiht. Der erste Teilnehmer fängt an, indem er die Spielleitung fragt: „Ist es dieses?" und dabei eindeutig auf eines der fünf Bonbons zeigt. Wenn die Spielleitung „nein" sagt, kann er es nehmen und beim nächsten Bonbon fragen. Sobald die Spielleitung mit „ja" antwortet, muss er es liegen lassen, die Reihe wird wieder auf fünf Bonbons angefüllt und der nächste Teilnehmer ist an der Reihe.
Kommentar: Nach kurzer Zeit entsteht eine Unruhe innerhalb der Schülergruppe. Diejenigen, die mehrere Bonbons erhalten haben, fangen an, den Teilnehmern, die nur eins oder noch gar keins bekommen haben, welche abzugeben. Es wird eine Balance angestrebt.
Lerneffekt: In der Gruppe zeigen sich Gerechtigkeits- und Gemeinschaftsgefühl.

Kugelbahn

Ort: Sporthalle
Einsatzmöglichkeiten: für Gruppen ab 6 Teilnehmern
Material: 6 Kugelbahnstäbe (Holzstäbe von ca. 90 cm Länge mit einer durchgehenden Fräsung für den Lauf der Bälle), 2 Golf- oder Tischtennisbälle, 2 Behälter
Dauer: ca. 10 – 15 Min.

Spielbeschreibung: Aus der Gesamtgruppe werden zwei Mannschaften gebildet. Jede Mannschaft erhält einen Ball und drei Kugelbahnstäbe und stellt sich in einer Reihe vor der Streckenführung auf. Am Ende der parallel verlaufenden Strecken steht jeweils ein Behälter, in den der Ball gebracht werden muss. Beim Start wird der Ball in die erste Bahn eines Kugelbahnstabs gesetzt. Der Ball darf von nun an nur noch ausbalanciert und nicht festgehalten oder mit den Fingern seitlich manipuliert werden. Über die gesamte Strecke wird er immer von einem Kugelbahnstab zum anderen weitergerollt (Abb. 4). Der Ball darf nicht an dieselbe Person weitergegeben werden, von der man ihn erhalten hat. Denn es

Abb. 4: Kugelbahn

müssen abwechselnd alle Mitspieler beteiligt sein. Fällt der Ball herunter, muss die ganze Mannschaft am Startpunkt erneut anfangen. Es gewinnt die Mannschaft, die als erstes ihren Ball im Behälter hat.

Aufgaben der Spielleitung: Die Spielleitung achtet auf die Einhaltung der Regeln.

Varianten:

a als Gesamtgruppe auf Zeit spielen
b die Streckenführung über einen Parcours mit Hindernissen laufen lassen
c zu einer anderen Ballart mit anderen Laufeigenschaften wechseln

Lerneffekt: Wenn alle es wollen und sich auf einen gemeinsamen Ablauf einlassen, schafft man das ganz schnell und locker.

6.6 Konzentration und Präsenz

Imaginäres Labyrinth

Ort: Raum mit freier Fläche
Einsatzmöglichkeiten: für Gruppen ab 6 Teilnehmern
Material: Spielfeld: 25 DIN-A4-Blätter, Krepp-Klebeband, Lösungsblatt und Stift oder Teppichfliesen/karierter Fußboden/Twister-Spielfeld
Dauer: ca. 15–20 Min.
Vorbereitung: Der Spielleiter klebt die Papierbogen mit Klebestreifen in fünf Reihen mit je fünf Blatt Papier auf den Boden. Dabei lässt er rund um die Blätter einen Rand von ca. 10 cm.

Er fertigt für sich ein Lösungsblatt mit der gleichen Aufteilung an und zeichnet einen Weg von der Kopfseite des Feldes bis zur gegenüberliegenden Seite ein (Abb. 5).

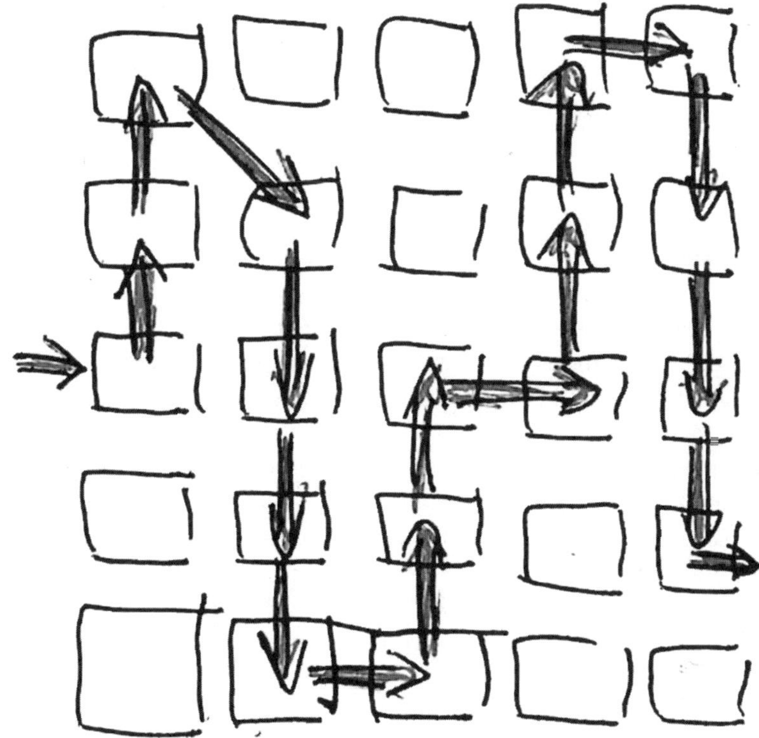

Abb. 5: Lösungsweg

Spielbeschreibung: Die Gruppe steht an der Kopfseite des Labyrinths und hat die Aufgabe, es zu durchqueren. Start und Ausgang sind markiert, den Weg gilt es herauszufinden. Es darf immer nur ein Blatt betreten werden. Der erste Spieler fängt an und betritt ein Blatt. Wenn der Spielleiter zustimmt, das nächste. Wenn das nicht das richtige sein sollte, muss der Spieler das Feld verlassen und der nächste Mitspieler beginnt von vorne. Das Spiel ist beendet, wenn alle Spieler das Labyrinth durchschritten haben.
Varianten:

a Der Rückweg muss auch noch geschafft werden!
b Die Teilnehmer erhalten ein Notizblatt und einen Stift und stellen selbst Labyrinthe für die anderen Mitspieler her.
c Es darf nicht gesprochen und es dürfen keine Tipps gegeben werden.

Lerneffekt: Es erfordert eine hohe Konzentration, sich die Folge der Tritte und damit den Weg zu merken. Vor allem wenn zögerliche Wackelkandidaten immer wieder für Verunsicherung sorgen.

Eine Ente, zwei Füße

Ort: Platz für einen großen Stuhlkreis
Einsatzmöglichkeiten: für Gruppen ab 10 Teilnehmern
Material: ein Stuhl für jeden Teilnehmer
Dauer: ca. 20–25 Min.

Spielbeschreibung: Die Spielleitung fängt an mit: „Eine Ente“. Der nächste Teilnehmer im Uhrzeigersinn sagt dann: „Zwei Füße“, der nächste: „Gehen ins Wasser“, und der letzte in diesem Durchgang sagt: „Platsch“. Es geht dann weiter mit dem zweiten Durchgang: 1. „Zwei Enten“, 2. „Vier Füße“, 3. „Gehen ins Wasser“, 4. „Platsch“, 5. „Platsch“. Dann beginnt der dritte Durchgang mit: 1. „Drei Enten“, usw.

Sobald sich ein Teilnehmer vertut, muss er seinen Stuhl umdrehen, sich rittlings darauf setzen und weiter im Stuhlkreis bleiben. Er darf von nun an keinen Beitrag mehr leisten, sondern ist nur noch ein Lückenhalter. Mit seinem linken Nachbarn startet das Spiel erneut mit: „Eine Ente“.

Ziel des Spiels ist natürlich, dass die Gruppe ohne Verluste einen möglichst hohen Durchgang mit ganz vielen Enten, Füßen und Platschern erreicht.

Aufgaben der Spielleitung: Auch wenn die Spielleitung selbst mitspielt, muss sie die Übersicht behalten und zu jedem Zeitpunkt genau wissen, welcher Teilnehmer, was sagen muss bzw. Lückenhalter ist.
Variante: Andere Tiere mit mehr Beinen ins Wasser springen lassen.
Lerneffekt: Die gemeinsame Anstrengung, um möglichst weit zu kommen, erfordert bei jedem Einzelnen höchste Konzentration sowie die Entwicklung eigener Strategien, um in einer ständig wechselnden Reihenfolge die eigene Position parat zu haben.

Gebratene Spiegeleier

Ort: Sporthalle
Einsatzmöglichkeiten: für Gruppen ab 12 Teilnehmern
Material: je nach Gruppengröße genügend Esslöffel und Plastikeier oder Tischtennisbälle, ein Tennisball, ein kleiner Kasten oder ein Reifen als Pott, 6 Markierungen für die Haltepunkte
Dauer: je nach Gruppengröße und Gelingen, ca. 15–20 Min.
Kommentar: Bei dem Spiel handelt es sich um eine Kombination aus Eierlauf und Brennball. Für die Teilnehmer, die von Haltepunkt zu Haltepunkt laufen und dabei ein Ei transportieren müssen, sind die Konzentrationsanforderungen durch die Gefahr, dabei „verbrannt" zu werden, verschärft.

Spielbeschreibung: Nach einem beliebigen Verfahren wird die Gesamtgruppe in zwei Mannschaften aufgeteilt, das Spielfeld abgesteckt und der Pott eingerichtet.

Die Fänger-Mannschaft verteilt sich im Feld, während die Läufermannschaft am Startpunkt vor der Außenlinie des Spielfeldes eine Reihe bildet und die Reihenfolge der Werfer und Läufer bestimmt. Der erste Werfer erhält den Tennisball, der erste Läufer hält einen Löffel mit einem Ei darauf in der Hand. Nach dem Anpfiff wirft der Werfer den Ball so, dass die gegnerische Mannschaft Schwierigkeiten hat, ihn einzufangen. Und der Läufer rennt mit dem Eierlöffel in der Hand die Umrisslinie des Feldes entlang. Das Ei muss dabei ausbalanciert und darf nicht festgehalten werden. Immer wenn das Ei unterwegs verloren geht, muss der Läufer es schnell wieder einsammeln und zurück zum Startpunkt. Hat die gegnerische Mannschaft währenddessen den Ball in den Pott gebracht, ist er „verbrannt" und darf nicht mehr laufen, kann aber noch als Werfer fungieren. Nachdem der Ball im Pott gelandet ist, wird er von der Fänger-Mannschaft an die Werfer- und Läufermannschaft zurückgegeben. Dort wird mit einem neuen Duo erneut gestartet. Auch wenn der Ball in den Pott gebracht wird, während sich noch Läufer auf der Strecke zwischen den Haltepunkten oder einem Haltepunkt und dem Zielpunkt befinden, sind diese „verbrannt". Das Spiel endet, wenn alle Läufer einmal gelaufen sind. Dann wird gewechselt. Gewonnen hat die Mannschaft, die am meisten Eier heil ins Ziel gebracht hat.

Worte und Zahlen

Ort: Klassenraum
Einsatzmöglichkeiten: für Gruppen ab 4 Teilnehmern
Material: für jede Mannschaft die gleichen Würfel oder Spielplättchen mit Zahlen, Buchstaben und Jokern z. B. aus Scrabble oder Rummikub, Schülerduden (mehrere Exemplare), Lösungsblatt
Dauer: Staffelung verschiedener Spielsequenzen von jeweils mindestens 3 Min. (zeitliche Begrenzung vorher ankündigen)

Spielbeschreibung: Die Teilnehmer erhalten verschiedene aufeinanderfolgende Aufgabenstellungen, wie sie die ausgeteilten Buchstaben und Zahlen hergeben. Gebildet werden sollen z. B. das längste Wort, ein Wort, bestehend aus drei Buchstaben mit der höchsten Punktzahl, ein Wort, in dem dreimal der Buchstabe „E" vorkommt, ein vollständiger Satz usw.

Mit den Zahlen wird ähnlich verfahren: Der Bruch mit dem kleinsten Wert, die größte Zahl, die längste Reihe aufeinanderfolgender Zahlen usw.

Nach dem Ende jeder Spielsequenz präsentieren und diskutieren die Gruppen ihre Ergebnisse. Die Gruppe mit dem besten Ergebnis erhält einen Punkt. Bei gleichen Ergebnissen erhalten alle Gruppen mit dem besten Ergebnis einen Punkt. Die Gruppe mit den meisten Punkten hat gewonnen.
Aufgaben der Spielleitung: Zunächst leitet die Spielleitung die Gruppenbildungsprozesse an und startet, begleitet und beendet dann die Spielsequenzen. Sie stellt die Aufgabenstellungen vor und hat für die Vergabe der Punkte ein Lösungsblatt vorbereitet.
Variante: Die Varianten bestehen in den Möglichkeiten, den Joker unterschiedlich einzusetzen. Es muss vorher vereinbart werden, was der Joker kann und was nicht: Er ist z. B. nur als Zahl einsetzbar oder nur einmal im Laufe der Spielsequenzen usw.
Lerneffekt: Eine fachliche Auseinandersetzung und gemeinsame Lösung von Aufgabenstellungen mit wechselnden Anforderungen unter Zeitdruck erfordern hohe Konzentration und Kooperationsbereitschaft.

Feuer, Wasser, Luft

Ort: Sporthalle
Einsatzmöglichkeiten: für Gruppen ab 10 Teilnehmern
Material: Sporthalleninventar
Dauer: ca. 10–15 Min. oder mit zeitlicher Begrenzung

Spielbeschreibung: Alle Teilnehmer sind im Mittelkreis der Sporthalle. Nach dem Start verteilen sie sich und laufen durch die ganze Halle. Wenn „Feuer" gerufen wird, müssen alle Teilnehmer so schnell wie möglich an einem der Notausgänge sein. Der Letzte scheidet aus. Mit dem Ruf „Wasser" sind die zwei Flächen mit der blauen Umgrenzungslinie gemeint. Dort muss man sich ganz schnell einfinden. Der Letzte muss das Spielfeld verlassen. Allerdings nicht bei „Blitz". Dann sollte man sich dort gar nicht aufhalten, sondern muss sich blitzschnell außerhalb von Wasserflächen auf den Boden werfen. Alle, die „im Wasser" sind und der Teilnehmer, der sich als Letzter auf den Boden wirft, scheiden aus. Wenn „Luft" gerufen wird, dürfen sich alle Teilnehmer nicht mehr auf dem Hallenboden, sondern müssen sich auf Bänken oder Kästen befinden. Der Letzte scheidet aus. Bei dem Ruf „Luftangriff" müssen alle Teilnehmer in den Eingangsbereich des Geräteraums laufen. Der Letzte scheidet wiederum aus, bis nur noch ein Gewinner übrig bleibt.
Kommentar: Der fantasievolle Umgang mit neuen Items wie „Luftangriff" macht das Spiel auch für ältere Schüler wieder reizvoll.
Aufgaben der Spielleitung: Die Spielleitung achtet auf die Einhaltung der Regeln und entscheidet, wer das Spiel verlassen muss. Als Rufer melden sich meist mehrere Interessenten und sie kann mit einem Entscheidungsverfahren einen Teilnehmer mit einer gut hörbaren Stimme bestimmen.

6.7 Geschicklichkeit und Nervenstärke

Blinde Kombi

Ort: Raum mit Platz für einen Stuhlkreis
Einsatzmöglichkeiten: für Gruppen ab 10 Teilnehmern
Material: ein Stuhl für jeden Teilnehmer, eine Augenbinde
Dauer: ca. 15–20 Min.

Spielbeschreibung: Im Kreis wird durchgezählt, sodass jeder Teilnehmer eine Nummer hat. Dann meldet sich ein Teilnehmer als Sucher. Er stellt seinen Stuhl beiseite, bekommt die Augen verbunden und wird ein paar Mal um seine eigene Achse gedreht. Währenddessen wechseln alle anderen Teilnehmer ihre Plätze. Der Sucher nennt zwei Zahlen und die beiden Mitspieler mit diesen Nummern zeigen auf und geben sich zu erkennen. Sie müssen langsam und leise ihre Plätze tauschen. Einmal aufgestanden, darf man sich nicht wieder hinsetzen. Es ist auch nicht erlaubt, zu rennen oder sich in die Zwischenräume zwischen zwei Sitzende zu drücken. Wer unterwegs von dem Sucher erwischt wird, ist der nächste Sucher.
Aufgaben der Spielleitung: Die Spielleitung achtet darauf, dass die Sitzenden ihre Beine eingezogen behalten und ruhig sind, damit der Sucher eine Chance hat, die Wechselnden zu hören. Zu große und zu heftige Bewegungen des Suchers müssen von ihr reguliert werden, damit niemand zu Schaden kommt. Außerdem sagt sie dem Suchenden, wenn der Platztausch beendet ist und die beiden Teilnehmer wieder sitzen.
Plan B: Wenn sitzende Teilnehmer Geräusche machen, um den „blinden" Sucher zu irritieren, wird das Spiel unterbrochen und, wenn sie nicht bereit sind, sich ab sofort leise zu verhalten, müssen sie entweder selbst suchen oder das Spiel wird abgebrochen.
Plan C: Wenn Teilnehmer mit den genannten Nummern nicht aufstehen, weil es ihnen zu riskant erscheint, wird langsam von 10 bis 0 gezählt. Wer sich bei null nicht im Spielkreis befindet, ist der nächste Sucher.

Jenga: Gruppe gegen Gruppe

Ort: Raum mit Platz für einen Stuhlkreis
Einsatzmöglichkeiten: für Gruppen ab 6 Teilnehmern
Material: ein kleiner Tisch, ein Stuhl pro Person, Jenga-Spiel
Dauer: je nach Geschick und Können
Spielbeschreibung: Der Turm wird aufgebaut und die Schwierigkeitsgrade werden festgelegt und vereinbart. Der jüngste Teilnehmer beginnt. Danach geht es abwechselnd, immer der nächste Teilnehmer aus der jeweiligen Mannschaft zieht einen Stein und legt ihn oben auf, bis der Turm irgendwann kippt oder in sich zusammenfällt. Die Gruppe, die gerade an der Reihe war, hat gewonnen.
Lerneffekt: Es ist unausweichlich, dass der Turm irgendwann kippt. Statt dem die Schuld zu geben, bei dem es passiert, kann man sich auch wundern oder sich freuen, wie weit man gekommen ist.

Turmbau zu Babel

Ort: Klassenraum
Einsatzmöglichkeiten: für Kleingruppen oder Partnerarbeit
Material: Papier (Fehlkopien), Klebeband, Garn oder Schnur, Wäscheklammern, Büroklammern, Strohhalme, Arbeitsplätze an Tischen
Dauer: Fristsetzung: 15–20 Min.

Spielbeschreibung: Zielsetzung ist, aus den vorhandenen Materialien den höchst möglichen, stehenden Turm zu bauen
Kommentar: Alle Materialien sind nicht besonders geeignet, da sie nicht stabil sind und erst durch den Bau von Stützvorrichtungen zum Stehen gebracht werden müssen.
Aufgaben der Spielleitung: Ausgabe der Materialien, Beratung auf Anfrage oder bei hoher Frustration
Varianten:

a andere Materialien, z. B. Bauklötze, Wäscheklammern
b Outdoor und Land-Art, z. B. aus Altholz, Stöcken, Zweigen und Bast

Lerneffekt: Eine Herausforderung kann mit gemeinsamen Überlegungen, Ideen und Hilfskonstruktionen auch mit nur bedingt geeignetem Material gemeistert werden.

Knüppel aus dem Versteck

Ort: Sporthalle
Einsatzmöglichkeiten: für Gruppen ab 8 Teilnehmern
Material: 4 Bänke, kleine Bodenmatten, 2 Augenbinden, 2 Knüppel aus Zeitung und Krepp-Klebeband
Dauer: ca. 10–15 Min.

Spielbeschreibung: Aus den vier Bänken wird eine quadratische Umrandung gebaut, deren Innenseiten mit Bodenmatten abgeschrägt werden. Zwei Teilnehmer bekommen in der Mitte des Innenfeldes die Augen verbunden. Alle anderen Teilnehmer sitzen auf den Begrenzungsrändern. Die beiden Knüppel werden zwischen den Matten versteckt. Auf ein Startsignal hin versuchen die zwei Teilnehmer mit den verbundenen Augen auf allen Vieren kriechend, einen Knüppel zu finden. Wer einen gefunden hat, versucht damit den anderen Teilnehmer zu treffen. Gelingt ihm das, hat er gewonnen. Die Spielleitung gibt ein Stoppsignal und die nächsten zwei steigen in den Ring.
Aufgaben der Spielleitung: Bei der Einführung des Spiels ist zu demonstrieren und während des Spielverlaufs darauf zu achten, wie und mit welcher Schlagkraft der Knüppel eingesetzt wird und dass nach dem ersten Schlag und mit dem Signal direkt Schluss ist. Damit es auf der „Zuschauertribüne" nicht zu wild zugeht, muss ab und zu die Lautstärke reguliert werden.
Variante: Ruhige, „friedliche" Gruppen können das Spiel auch im Stuhlkreis oder in einem Raum (alle sitzen am Rand) spielen.

Hühnchen rupfen

Ort: Sporthalle
Einsatzmöglichkeiten: für Gruppen ab 10 Teilnehmern
Material: ein Behälter mit farbigen Wäscheklammern, eine Trillerpfeife
Dauer: ca. 4 Min. (zeitliche Begrenzung) pro Durchgang

Spielbeschreibung: Jeder Teilnehmer erhält die gleiche Anzahl an Wäscheklammern und befestigt sie so an seiner Kleidung, dass andere auch die Möglichkeit haben, sie zu entfernen. Nach dem Anpfiff geht es darum, möglichst viele Wäscheklammern von den anderen Teilnehmern zu erbeuten und die eigenen zu behalten. Es ist nicht erlaubt, jemanden festzuhalten, um die Klammern zu entfernen. Es dürfen sich auch keine Gruppen bilden, um Einzelne „abzuernten". Nach dem Abpfiff wird gezählt und wer die meisten Klammern hat, gewinnt.

Aufgaben der Spielleitung: Wie sonst bei Ballspielen muss die Spielleitung während der Spielzeit eine gute Gesamtübersicht behalten und klare schiedsrichterliche Anweisungen geben und durchsetzen.
Plan B: Sobald jemand festgehalten oder in einer Ecke fixiert und zwangsweise „abgepflückt" wird, wird das Spiel unterbrochen. Die regelverletzenden Spieler müssen alle Wäscheklammern, die über der Anzahl der Erstausgabe liegen, abgeben und zwei Durchgänge auf der Bank verbringen, bevor sie wieder mitspielen dürfen.
Varianten:

a Völlig überraschend kommt es nicht nur auf die Anzahl der Wäscheklammern an, sondern auch auf die Farbe. Jede Farbe erhält eine andere Punktzahl. Es wird sortiert und addiert.
b Es werden Mannschaften gebildet. Jede Mannschaft erhält die gleiche Anzahl an Wäscheklammern einer Farbe. Die Mannschaft, die am meisten Klammern der gegnerischen Mannschaft gerupft hat, hat gewonnen.
c Statt Klammern werden Tücher in den Hosenbund gesteckt. Diese sind leichter zu entwenden.

6.8 Spaß und Nonsens

Der Willi ist krank

Ort: Klassenraum, Platz für einen Stuhlkreis
Einsatzmöglichkeiten: für Gruppen ab 6 Teilnehmern
Material: pro Person ein Stuhl, ein Teelöffel und ein Papiertaschentuch, ein medizinisches Lexikon
Dauer: ca. 15–20 Min.

Spielbeschreibung: Der erste Teilnehmer überlegt sich schnell eine Krankheit oder sucht sich eine aus dem Lexikon aus, steckt sich den Löffel in den Mund und sagt zu seinem linken Nachbarn: „Der Willi ist krank". Der Nachbar, der auch einen Löffel im Mund hat, fragt: „Oh, was hat er denn?", woraufhin der erste Teilnehmer mit dem Löffel im Mund eine Krankheit nennt. Nun können sich alle Teilnehmer, die meinen, den Namen der Krankheit verstanden zu haben, melden. Die erste Meldung wird von der Spielleitung aufgerufen. Ist es die richtige Krankheit, macht der, der sie erraten hat, mit einer neuen Krankheit weiter. Wenn nicht, wird die Lösung genannt und der erste Nachbar macht weiter.

Kommentar: Das Papiertaschentuch ist nötig, falls der Speichelfluss durch den Löffel im Mund zu stark ist oder Tränen gelacht werden.
Varianten:

a Statt der Löffel können auch Tischtennisbälle genommen werden.
b Das Spiel funktioniert auch im Schwimmbad, wenn alle gleichzeitig untertauchen und ein Teilnehmer unter Wasser etwas ruft.

Hühnerball

Ort: Sporthalle
Einsatzmöglichkeiten: für Gruppen ab 10 Teilnehmern
Material: 2 Bänke, Spielfeldmarkierungen, mindestens 2 Softbälle
Dauer: ca. 15–20 Min.

Spielbeschreibung: Das Spielfeld wird mit den zwei Bänken als Mittellinie und den Spielfeldmarkierungen vorbereitet. Danach werden zwei Mannschaften gebildet. Jede Mannschaft verteilt sich in einem Spielfeld. Das Spiel beginnt mit dem Einwurf der zwei Bälle durch die Spielleitung.

Jede Mannschaft versucht, alle Teilnehmer der gegnerischen Mannschaft abzuwerfen. Wer getroffen wurde, setzt sich auf die „Hühnerstange“ (Bänke in der Mitte). Sobald die eigene Mannschaft einen Teilnehmer aus der gegnerischen Mannschaft abwirft, kann man nach der Reihenfolge auf der Bank wieder ins Feld und weiter spielen. Dies gilt auch, wenn ein Ball der gegnerischen Mannschaft gefangen wird. Gezielte Treffer am Kopf sind verboten. Auch Teilnehmer, die gerade von der Bank zurück ins Feld gehen, dürfen nicht abgeworfen werden.

Jemand, der gerade einen Ball in der Hand hält, kann mit dem Ball einen gegnerischen Ball abwehren und ins eigene Spielfeld lenken.

Die Teilnehmer, die auf der Bank sitzen, dürfen die Bälle nicht berühren oder irgendwie ins eigene Spielfeld bringen.
Aufgaben der Spielleitung: Ausgabe der Materialien und Beaufsichtigung des Spielablaufs.
Variante: Teilnehmer, die getroffen werden, setzen sich nicht auf die Bank, sondern wechseln in das gegenüberliegende Spielfeld. Dadurch ändern sich Mannschaftszugehörigkeit und die Gegnerschaft wird aufgelöst, was einige Teilnehmer gar nicht realisieren.
Lerneffekt: Das Spiel ist ein Selbstläufer und so simpel, dass Schüler es in Eigenregie spielen.

Feld frei halten

Ort: Sporthalle
Einsatzmöglichkeiten: für Gruppen ab 10 Teilnehmern
Material: viele runde Pappkarten in 4 Farben (Bierdeckel)
Dauer: nach Kondition der Teilnehmer und Ansicht der Spielleitung

Spielbeschreibung: Die Schülergruppe teilt sich in zwei Mannschaften. Jede Mannschaft hat ein Spielfeld, in dem runde Pappkarten in vier Farben verteilt sind. Nach dem Anpfiff geht es darum, das eigene Spielfeld frei von Karten zu halten. Nach dem Abpfiff darf keine Karte mehr geworfen werden. Es wird gezählt. Die Mannschaft, die weniger Karten hat, gewinnt.
Variante: Alle Karten bleiben nach dem Abpfiff auf dem Hallenboden verteilt liegen und die beiden Mannschaften haben jeweils die Aufgabe, sie in ihrem Feld aufzusammeln. Dieses Mal werden die Karten nach Farben in verschiedene Behälter sortiert. Sie haben unterschiedliche Punktwerte: Rot = 4 Punkte, Blau = 3 Punkte, Grün = 2 Punkte und Gelb = 1 Punkt. Die Teilnehmer zählen, rechnen und schreiben den „Zählerstand" der Farben mit einem farblich passenden Stift auf ihre Mannschaftskarte. Alle Punkte werden addiert und die Mannschaft mit der höheren Punktzahl gewinnt.
Kommentar: Es bietet sich an, das Spiel mit dieser Variante zu beenden. Denn damit ist das Aufräumen fast erledigt und die Karten sind nach Farben sortiert.

Angriff oder Flucht?

Ort: Sporthalle oder draußen
Einsatzmöglichkeiten: für Gruppen ab 10 Teilnehmern
Dauer: ca. 10 – 15 Min.

Spielbeschreibung: Das Spiel ist eine Kombination aus „Schnick-Schnack-Schnuck" und „Fangen". Für „Stein", „Papier" und „Schere" stehen die drei Figuren „Jäger" (legt ein imaginäres Gewehr an), „Wolf" (bleckt die Zähne und zeigt seine Krallen) und „Großmutter" (bewegt sich zittrig an einem Krückstock nach vorne) zur Wahl.

Dabei erschießt der Jäger den Wolf. Der Wolf frisst die Großmutter und die Großmutter jagt mit ihrem Krückstock den Jäger in die Flucht.

Es werden zwei Teams gebildet. Jedes Team einigt sich auf eine Figur, die gespielt werden soll. Dann stellen sich beide Teams an der Mittellinie eines vereinbarten Spielfeldes gegenüber auf. Die Spielleitung gibt ein Startsignal und die Teams spielen ihre Figuren. Das Team mit der unterliegenden Figur rennt schnell weg und versucht hinter den Spielfeldrand zu kommen. Das andere Team versucht, sie zu fangen, bevor sie ihren Spielfeldrand erreichen. Wer gefangen wurde, wechselt ins andere Team. Zeigen beide Teams die gleiche Figur, passiert nichts und in den Teams einigt man sich auf eine neue Figur.

Spielende: Ein Team wurde komplett gefangen, oder nach Ablauf einer vereinbarten Zeit oder Rundenanzahl gewinnt das Team mit den meisten Teilnehmern.

Aufgaben der Spielleitung: Die Spielleitung erteilt das Kommando für die Darstellung der Figuren, strukturiert und beaufsichtigt den Spielablauf und achtet darauf, dass der vereinbarte Abstand zwischen den beiden Teams an der Mittellinie eingehalten wird.

Variante: Die Figurenkonstellationen können kreativ verändert werden. Man kann „Engel" (Flattern mit den Armen), „Riesenspinnen", „Säbelzahntiger" oder sonst etwas einbauen und witzige Konfrontationen herstellen.

Lerneffekt: Die Impulse Angriff oder Flucht liegen sehr dicht beieinander, die Entscheidung muss sehr schnell erfolgen und kann manchmal auch die falsche sein. Das ist aber nicht weiter schlimm und man kann über sich selber lachen.

Heuschreckenplage

Ort: Sporthalle
Einsatzmöglichkeiten: für Gruppen ab 10 Teilnehmern
Material: Möglichkeit, Musik abzuspielen, 2 große Würfel, 12 Reifen oder Krepp-Klebeband zur Begrenzung von 12 Flächen, Nummern von 1 bis 12, 2 Bänke
Dauer: mindestens 12 Min.

Spielbeschreibung: Alle Teilnehmer sind Bauern und Tagelöhner. Während die Musik läuft, „arbeiten" sie auf allen 12 landwirtschaftlichen Flächen, indem sie kontinuierlich die Felder wechseln. Wenn die Musik abrupt stoppt, müssen sie in dem Feld stehen bleiben, in dem sie sich gerade befinden. Dann wird entweder mit einem oder mit beiden Würfeln gewürfelt. Das Feld, das mit der Anzahl der gewürfelten Augen übereinstimmt, wird von Heuschrecken befallen. Die Arbeiter, die darin sind, drohen zu verhungern und müssen in ein anderes Gebiet (Feld mit den Bänken) ziehen. Die Musik setzt wieder ein und beim nächsten Stopp wird wieder gewürfelt. Wenn beim Würfeln allerdings eine 12 fällt, ist die Heuschreckenplage erfolgreich bekämpft und alle Arbeiter

dürfen zurück auf ihre Felder. Wenn alle Arbeiter in das andere Gebiet ziehen mussten, oder im Zeitraum von zwölf Minuten keine 12 fällt, haben die Heuschrecken alles aufgefressen und gewonnen.
Aufgaben der Spielleitung: Die Spielleitung achtet auf die Zeit und motiviert, während Musik läuft, die Teilnehmer zum Laufen und Springen. Sie betätigt den An- und Ausschalter der Musikanlage und beaufsichtigt den Spielverlauf. Den Rest erledigen die Würfel, die am besten von einer nicht mitspielenden Person geworfen werden.
Lerneffekt: Wie beim Bingo: Das Zufallsprinzip ist nicht beeinflussbar.

Riesenball

Ort: Sporthalle
Einsatzmöglichkeiten: für Gruppen ab 10 Teilnehmern
Material: 2 große Physio-Bälle unterschiedlicher Farbe, Leibchen/T-Shirts für eine Mannschaft
Dauer: zeitliche Befristung von 5 Min., dann Revanche

Spielbeschreibung: Aus der Gesamtgruppe werden zwei Mannschaften gebildet. Zur besseren Unterscheidung zieht eine der beiden Mannschaften Leibchen über. Jede Mannschaft erhält einen Riesenball und eine Wandseite zugesprochen. Ziel ist, den eigenen Ball möglichst oft an die gegnerische Wand zu bringen. Der Ball darf geworfen, geschossen, gedribbelt usw. werden. Nicht erlaubt ist, ihn länger als drei Schritte festzuhalten und zu tragen. Jeder Kontakt mit der gegnerischen Wand zählt als Treffer. Der Spielstand wird kontinuierlich durchgegeben oder angezeigt. Mit dem Abpfiff hat die Mannschaft mit dem höheren Punktestand gewonnen.
Aufgaben der Spielleitung: Strukturierung und Beaufsichtigung des Spielablaufs, auf Regelverstöße achten und sie ahnden. Spielstand festhalten und durchgeben. Das Spielende ankündigen und runterzählen bis zum Abpfiff.
Kommentar: Das Spiel ist zwar simpel, aber sehr anstrengend und erfordert Kondition und Trinkpausen.

6.9 „Große" Spiele

Bei den letzten sechs Spielen handelt es sich um Beispiele für den kreativen Umgang mit Spielfragmenten und Materialien. Sie verdeutlichen, wie unter einer Spielidee aus Spielelementen verschiedener Spiele und nach thematischen Gesichtspunkten neue Spiele entwickelt werden können, indem sie angepasst, zusammengesetzt bzw. aneinandergereiht werden.

Meist haben sie die Intention, dass sich die Schüler selbstständig zusammenfinden und kooperieren müssen, um ihr Vorgehen zu planen und/oder ein gemeinsames Ergebnis zu beschließen.

Drei Etappen – Ein gutes Ende

Ort: Sporthalle
Einsatzmöglichkeiten: für Gruppen ab 12 Teilnehmern
Material: 2 Bänke, 6 Kugelbahnstäbe, 2 Golfbälle, pro Schüler je ein Plastik-Ei und ein Löffel, 2 Rollbretter, Pappdeckel in drei Farben, ein Korb, verschiedene Blanko-Pläne mit Abbildungen von Aufbauten, Buntstifte, großer Kasten, Aufbau mit farbigen Holzklötzen
Dauer: mit Auf- und Abbau ca. 45 Min.

Spielbeschreibung: Das Spielfeld ist mit zwei Bänken in drei Abschnitte unterteilt (Abb. 6). Die Gesamtgruppe versammelt sich hinter der Startlinie. Ihr stehen sechs Kugelbahnstäbe und zwei Golfbälle zur Verfügung.

1. Spielabschnitt Auf der Bank am Ende des ersten Spielabschnitts steht ein Eimer, in den beide Golfbälle mit Hilfe der Stäbe gebracht werden. Die Bälle dürfen nur zum Start mit den Händen berührt werden. Fällt ein Ball aus der Bahn, muss an der Startlinie erneut begonnen werden. Der Abschnitt ist bewältigt, wenn sich beide Bälle im Eimer befinden.

2. Spielabschnitt Hinter der Bank im zweiten Abschnitt liegen für jeden Schüler je ein Plastik-Ei und ein Löffel. Außerdem stehen der Gesamtgruppe zwei Rollbretter zur Verfügung und auf der Bank am Ende des zweiten Spielabschnitts liegen Pappdeckel in drei Farben und ein Korb zum Eiersammeln. Die Pappkarten dienen als Trittsteine zum Wege bauen. Jeder Weg muss einfarbig sein. Bei einer Fahrt mit dem Rollbrett darf von jeder Farbe immer nur eine Karte geholt werden.

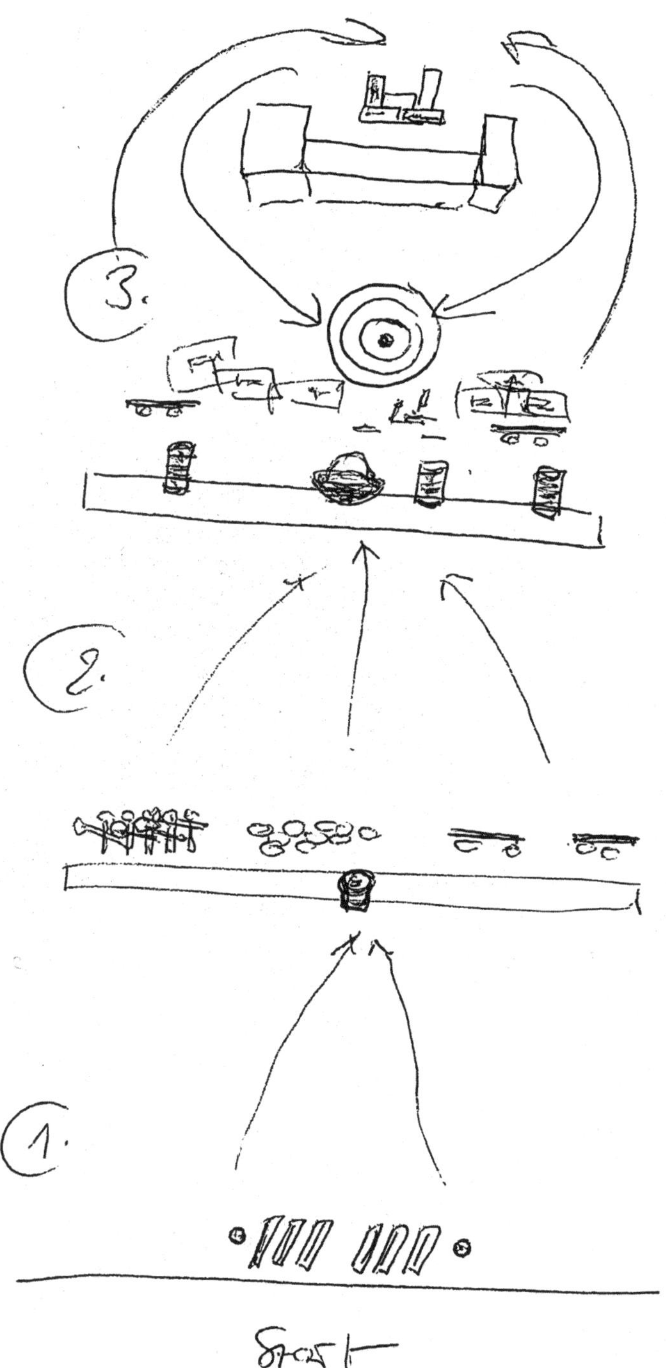

Abb. 6: Spielaufbau

Per Eierlauf müssen dann die Eier in den Korb gebracht werden, dabei dürfen nur die Trittsteine benutzt werden. Fällt ein Ei hin, muss gewartet werden, bis jemand mit Rollbrett kommt und das Ei zum Läufer transportiert. Der zweite Abschnitt ist geschafft, wenn sich alle Schüler und beide Rollbretter auf der zweiten Bank und alle Eier und alle Löffel im Korb befinden.

3. Spielabschnitt Im dritten Abschnitt liegen verschiedene Blanko-Pläne mit Abbildungen von Aufbauten und Buntstifte. Am Ende des letzten Abschnitts befindet sich eine Abtrennung, hinter der sich ein Aufbau mit farbigen Holzklötzen verbirgt. Mit den Rollbrettern kann man hinter die Abtrennung fahren und sich das Original ansehen. Es darf sich niemand ohne Rollbrett auf der Fläche und hinter der Absperrung bewegen. Das Spiel ist beendet, wenn sich die Gruppe für die richtige Form und farbige Ausgestaltung eines Plans entschieden hat.

Aufgaben der Spielleitung: Vor Spielbeginn den Aufbau organisieren. Erzählerische Einstimmung und strukturierte Einführung und Anleitung des komplexen Spiels und der Regeln unter besonderer Beachtung der Übergänge von einer Spielsequenz zu der nächsten. Bei der Ausgabe der Materialien können die Regelungen noch einmal anschaulich erklärt werden. Anpfiff und Beaufsichtigung des Spielverlaufs. Mit den Teilnehmern am Ende des Spiels über die Anforderung der Aufgabenstellung, die Zusammenarbeit bei der Entwicklung von Lösungsstrategien und einen eventuellen Revanchewunsch mit möglichen Veränderungen sprechen.

Rettungsaktion

Ort: Sporthalle
Einsatzmöglichkeiten: für Gruppen ab 10 Teilnehmern
Material: 2 kleine Matten, 2 große Bodenmatten, 2 Pedalos, ein Signal, 2 LÜK-Kästen, 2 Mundschutzmasken, 2 kleine Wasserflaschen, 6 Fußmatten, 2 Rollbretter, 2 Seile
Dauer: mit Auf- und Abbau ca. 45 Min.

Spielbeschreibung: Nach dem Zufallsprinzip (Namensziehung) kommen zwei Mannschaften zustande. Jede Gruppe befindet sich auf einem sinkenden Boot (kleine Matte) und hat ein „kleines Motorboot“ (Pedalo) zur Verfügung.

Mit dem Motorboot kann man immer hin und her fahren und Material von einer Sorte transportieren. Wenn ein Signal ertönt, muss man mit dem „Motorboot" tanken, d. h., man muss sofort zum Festland (große Bodenmatte) fahren und die durcheinandergewürfelten Steine des LÜK-Kastens von 1 bis 24 einsortieren. Erst dann kann man wieder starten.

Alle Personen vom sinkenden Schiff hatten seit Tagen kaum noch Trinkwasser und würden die Strapazen der Überfahrt nicht überstehen. Deshalb braucht jeder erst einmal einen Schluck aus einem Plastikbecher. In jeder Gruppe wird ein Schwerverletzter (Mundschutz) von der Gruppe bestimmt. Der Schwerverletzte ist zunächst nicht transportfähig und braucht sofort eine Infusion (kleine Wasserflasche), sonst stirbt er. Nach der Infusion muss er mit Hilfe des „Gummibootes" (drei Fußmatten) und einer Spezialvorrichtung (Rollbrett mit Seil) innerhalb von sechs Minuten an Land gebracht werden. Dort muss er sich in eine Klinik begeben; das heißt, er kann nicht mehr zurückfahren.

Die Überfahrt mit dem „Gummiboot" ist sehr schwierig, da das Wasser nur so von Haifischen und Piranhas wimmelt. Deshalb muss jede Person unter jedem Fuß eine Fußmatte haben! Mit dem „Gummiboot" kann man nur vom sinkenden Schiff zum Festland fahren und nicht zurück! Und man kann damit kein Material transportieren!

Es gewinnt die Gruppe, die als erste alle Personen, alles an Material und das „Motorboot" am Festland hat!

Aufgaben der Spielleitung: Erzählerische Einstimmung in die Notsituation und die Aufgaben, die sukzessive zu bewältigen sind. Szenische Anleitung des Aufbaus. Bei der Ausgabe der Materialien können die Regelungen noch einmal anschaulich erklärt werden, denn bei diesem komplexen Spiel ist eine sehr strukturierte Einführung und Anleitung notwendig. Anpfiff und Beaufsichtigung des Spielverlaufs. Die Einigungsprozesse und die Regeleinhaltung sind besonders zu begleiten und ggf. zu unterstützen. Am Ende des Spiels mit den Teilnehmern über die Anforderung der Aufgabenstellung, die Zusammenarbeit bei der Entwicklung von Lösungsstrategien, Veränderungsvorstellungen und einen eventuellen Revanchewunsch sprechen.

Fließbandarbeit

Ort: Sporthalle
Einsatzmöglichkeiten: für Gruppen ab 14 Teilnehmern
Material: eine Bank, 3 Kästen unterschiedlicher Höhe, Handtücher, ein Paar Gummihandschuhe, ein kleiner Ball, ein gespanntes Netz oder Seil, eine große Bodenmatten, ein Eimer/Papierkorb
Dauer: mit Auf- und Abbau ca. 45 Min.

Spielbeschreibung: Die Gesamtgruppe baut aus der Bank, Kästen und der Bodenmatte eine Parcoursstraße auf, die das Netz/gespannte Seil integriert. Der Start ist an der Kopfseite. Das Ziel ist der Eimer am Ende der Parcoursstraße. Die Teilnehmer bekommen nach der Spieleinführung Handtücher in passender Anzahl, einen kleinen Ball und ein Paar Gummihandschuhe ausgehändigt. Immer zwei Personen nehmen ein Handtuch und fassen es an den beiden Außenzipfeln. Der Ball darf nicht mit bloßen Händen berührt, sondern nur mit Handschuhen angefasst werden und muss mit den Handtüchern wie auf einem Trampolin den Parcours entlang weitergegeben, über das Netz und in den Eimer bugsiert werden. Fällt der Ball hin, wird an der Stelle und von dem Zweierteam weiter gemacht, das ihn verloren hat. (Festhalten, ins Handtuch einwickeln etc. ist verboten!)
Variante: Aus der Gesamtgruppe werden zwei Mannschaften. Bis auf das Netz werden die Materialien verdoppelt und die beiden Mannschaften bauen aus den Bänken, Kästen und den Bodenmatten zwei identische Parcoursstraßen auf. Die Mannschaft, die als erste ihren Ball im Eimer hat, gewinnt.
Aufgaben der Spielleitung: Erzählerische Einstimmung in die Szenerie eines Fließbandes unter Akkordarbeitsbedingungen. Ausgabe der Materialien, Gesprächsimpulse und Begleitung des Planungs- und Entscheidungsfindungsprozesses und beim Aufbau des bzw. der Parcours. Begleitung eines Probelaufs mit eventueller Korrektur von Abständen etc. Anpfiff und Beaufsichtigung des Spielverlaufs. Am Ende der Spielsequenzen mit den Teilnehmern in einer Reflexionsphase über die Schwierigkeit der Aufgabenstellung, mögliche Probleme in der Zusammenarbeit, Änderungsvorstellungen und einen eventuellen Revanchewunsch sprechen.

Sumpfgebiet

Ort: Sporthalle
Einsatzmöglichkeiten: für Gruppen ab 12 Teilnehmern
Material: 25 DIN-A4-Blätter, Planskizze, Krepp-Klebeband, Arbeitsleuchte mit Akku, Mundschutzmasken, Reifen, große Bodenmatte, Pappkarten in vier Farben, mind. 2 Rollbretter
Dauer: mit Auf- und Abbau ca. 45 Min.

Spielbeschreibung: Die Teilnehmer befinden sich vor einer Fläche aus fünfmal fünf angehefteten DIN-A4-Blättern. Das Start- und das Zielblatt sind markiert (s. Imaginäres Labyrinth).

Ein Teilnehmer beginnt, indem er das Startblatt betritt und von dort aus ein nächstes. Wenn die Reihenfolge mit der (ihm unbekannten) Planskizze übereinstimmt, darf er ein weiteres Blatt ausprobieren, wenn nicht, ist der nächste Schüler an der Reihe. Die Teilnehmer müssen sich die richtige Reihenfolge merken, damit sie alle nacheinander durch das sumpfige Gelände kommen. Dort sind sie allerdings noch nicht am Ziel, sondern erst, wenn sich alle Teilnehmer „gesund“ auf dem Trockenen (große Bodenmatte) befinden.

Im nächsten Terrain wird bei Dunkelheit durch Insektenstiche das Sumpffieber übertragen. Deshalb ist es ratsam, nur tagsüber (die Lampe ist an) über die Trittsteine (ausgelegte Pappkarten in drei Farben) weiter zu wandern. Sobald die Nacht einbricht (die Lampe ist aus), muss man auf seinem Trittstein anhalten und dort verharren, bis es wieder hell wird.

Die Spieler vereinbaren zunächst unter sich eine Reihenfolge. Im „Gepäckraum“ (Reifen) liegt ihre „Reiseausrüstung“ (abgedeckte Karten in Anzahl der Teilnehmer).

Der erste Teilnehmer geht zu einer Karte und deckt sie auf. Ist sie **rot**, erkrankt er sofort am Sumpffieber, nimmt einen Mundschutz und ist nun als Infizierter zu erkennen. Er darf nur noch über rote Trittsteine gehen und das trockene Festland erst betreten, wenn er ein Medikament bekommen hat. Ein wirksames Medikament gegen das Sumpffieber ist eine **gelbe** Karte. Gelbe Karten liegen an einigen Überschneidungsstellen der Wege. Das Medikament einnehmen bedeutet, eine gelbe Karte zu nehmen, den Mundschutz herunterzuziehen und am Hals baumeln zu lassen.

Blau verleiht Flügel (= Rollbrett). Zieht ein Teilnehmer eine blaue Karte, ist er außerdem immun gegen Ansteckung und kann direkt, ohne Trittsteine nutzen zu müssen, in das trockene Gebiet (große Bodenmatte) hinüberfahren. Von dort aus kann er Mitspieler retten, indem er ihnen zu Fuß, aber nur im Hellen, über Trittsteine aller Farben hinweg eine gelbe Karte zu ihrem jeweiligen Standort bringt. Das kann eine Karte aus dem Spielfeld sein oder eine, die ein ehemals Infizierter mitgebracht hat.

Zieht ein Teilnehmer eine **grüne** Karte, kann er damit über die Trittsteine aller Farben das trockene Festland erreichen. Wenn er sich allerdings bei einsetzender Dunkelheit auf einem roten Trittstein befindet, ist er infiziert, muss einen Mundschutz tragen usw.

Das Spiel ist beendet, wenn die gesamte Gruppe gesund das Trockengebiet (große Bodenmatte = Ziel) erreicht hat.

Variante: Als Wettspiel für zwei Mannschaften werden zwei Labyrinthe und zwei identische Gepäckausgaben (Reifen mit abgedeckten Karten) benötigt. Ansonsten kann es bei einem „insektenverseuchten" Spielfeld bleiben. Darin wird allerdings die Konkurrenz um die gelben Karten größer. Auf jeden Fall braucht die Spielleitung Unterstützung.

Aufgaben der Spielleitung: Erzählerische Einstimmung in die Szenerie. Gleichzeitig ist bei diesem komplexen Spiel eine sehr strukturierte Einführung und Anleitung notwendig. Bei der Ausgabe der Materialien können die Regelungen noch einmal anschaulich erklärt werden. Danach sind die Einigungsprozesse zu begleiten und die Regeleinhaltung zu überwachen. Durch die Betätigung des Lichtsignals können die Geschwindigkeit und Übersichtlichkeit reguliert und, falls notwendig, auch Pausen und kurze Ansprachen anberaumt werden.

Lerneffekt: Je mehr Teilnehmer ins Spielfeld kommen, desto stärker müssen die Teilnehmer aufeinander achten, kommunizieren und kooperieren, um ins Trockene zu kommen. Gleichzeitig erfordert das Spiel während des gesamten Verlaufs eine hohe Konzentration, weil die Spielregeln, die Streckenführung und zusätzlich noch die Lichtsignale beachtet und eingehalten werden müssen.

Wetterformel

Ort: Sporthalle

Einsatzmöglichkeiten: für Gruppen ab 12 Teilnehmern

Material: Leibchen, Buntstifte/Ölkreide, Taschenlampen, Stempel, Stempelkissen, schwarze Eddings, Seile, Kopien mit Formelfragmenten, Stempelkarten, was alles notwendig ist, und außerdem Wasserflaschen, Kissen, Stofftiere, Bauklötze, Wäscheklammern, Lineale usw., die aber unnütz sind.

Für den Aufbau des Parcours nach Belieben: Bänke, Kästen, Matten, Stufenbarren, Schwebebalken usw.

Dauer: mit Auf- und Abbau ca. 45 Min.

Spielbeschreibung: Einer Forschungsgruppe ist es gelungen, mit einer Formel das Wetter zu beeinflussen (Abb. 7). Die Aufgabe der Spielteilnehmer ist, sie auszukundschaften und schriftlich festzuhalten.

Abb. 7: Wetterformel

Die Formel liegt allerdings hinter sieben Schluchten (Parcours) in den Bergen in einer dunklen Höhle, die man erst einmal erreichen muss. In der Höhle ist es extrem kalt und dunkel, unterwegs dagegen anstrengend, heiß und gefährlich. Deshalb müssen die Teilnehmer Seilschaften aus mindestens drei Personen bilden (lockere Verknüpfung der Unterschenkel mit Seilen) und sich einen Gruppennamen geben. Danach müssen sie sich in der Basisstation aus einem Materialfundus die Ausrüstung zusammenpacken. Außer einem Leibchen für jeden Teilnehmer dürfen nur noch drei Gegenstände aus dem Materialfundus mitgenommen werden. Über den sieben Schluchten im Parcours und in der Höhle darf sich immer nur eine Seilschaft aufhalten. Deshalb gibt es Stempelkarten, auf denen man sich jede Schlucht abstempeln lassen muss. Erst wenn man alle Schluchten bewältigt und die Leibchen übergezogen hat, darf man in die Höhle. Dort stellt sich dann heraus, ob man die richtigen Materialien mitgenommen hat.

Die Aufgabe ist für die jeweilige Seilschaft gelöst, wenn sie der Spielleitung in der Basisstation ein richtig ausgefülltes Formelblatt mit ihrem Gruppennamen vorweist. Das Spiel ist beendet, wenn alle Seilschaften korrekte Formeln abgegeben haben.
Aufgaben der Spielleitung: Die Spielleitung weist eindringlich darauf hin, was die Teilnehmer in der Höhle und unterwegs erwartet, und zeigt und erklärt das Original mit der Formel. Dabei wird auch der Tipp gegeben, dass die Möglichkeit besteht, Notizen zu machen. Sie unterstützt die Bildung von Seilschaften und überprüft anhand der Stempel, ob alle Seilschaften den Parcours vollständig durchlaufen haben. Falls sich in der Höhle herausstellt, dass Material fehlt, muss der Lösungsprozess begleitet werden.
Variante: Es werden nur Paar-Seilschaften gebildet, die auf dem Parcours ein Plastik-Ei auf einem Löffel in die Höhle befördern müssen. Dort finden sie dann alles an Material vor, um die Formel zu übertragen. Der Rückweg zur Basisstation verläuft ohne Ei. Die Formel muss korrekt und fehlerfrei ausgeführt der Spielleitung vorgelegt werden.
Lerneffekt: Bei der Planung der Ausrüstung müssen wesentliche Entscheidungen getroffen, logisch und vorausschauend gedacht und organisiert werden. Gleichzeitig gibt es jede Menge Stör- und Ablenkungsfaktoren. Das erfordert Umsicht und eine gute Gruppenkommunikation.

Industriespionage

Ort: Sporthalle
Einsatzmöglichkeiten: für Gruppen ab 12 Teilnehmern
Material: 2 Rollbretter, 2 Pedalos und 6 Teppichfliesen, 2 Aufgabestellungen, 3 Vorlagen zum Ausmalen, farbige Holzklötzchen, Buntstifte/Ölkreide, Anlegepunkten in den Farben rot, blau und gelb, Abbildung des Prototyps, 3 Behälter, ein Zentrumskreis, Signal (Hupe, Glocke, Knatter etc.)
Dauer: mit Auf- und Abbau ca. 45 Min.

Spielbeschreibung: Die Teilnehmergruppe befindet sich auf der Basisstation (vorderer Bereich der Sporthalle bis zur ersten Linie). Sie bekommt dort nach der Spieleinführung Fortbewegungsmaterial (zwei Rollbretter, zwei Pedalos und sechs Teppichfliesen) und zwei Aufgabenzettel (Unterlage für Bau mit Klötzchen und drei verschiedene Skizzen zum Ausmalen) ausgehändigt.

Eine abgedeckte Abbildung des auszukundschaftenden Prototyps befindet sich an der Kopfseite der Sporthalle im Hochsicherheitstrakt, in einer Kreisfläche mit drei Anlegepunkten in den Farben rot, gelb und blau. Dazwischen liegt eine Findungszone (Spielfeld mit roten, gelben und blauen Stationen mit abgedeckten Behältern) und einem Zentrumskreis.

Die Aufgabe besteht darin, als Gruppe das Aussehen des Prototyps zu ermitteln und ihn in der Basisstation entweder mit Klötzchen aufzubauen oder mit Farbstiften auszumalen. Das Werkzeug befindet sich unter den Behältern!

Regeln: Mit Rollbrettern dürfen nur rote Punkte angefahren werden; mit Pedalos nur gelbe, mit Teppichfliesen nur blaue.

Es dürfen *gleichzeitig* nur Fortbewegungsmittel *einer Farbe* unterwegs sein.

Auf einem Weg darf nur einmal aufgedeckt und gegebenenfalls ein Gegenstand mitgenommen werden. Der Prototyp darf *nicht* mitgenommen werden. Alles, was aufgedeckt wurde, muss wieder abgedeckt werden.

Gegenstände, die fälschlicherweise zur Basisstation gebracht wurden, müssen im Zentrumskreis abgelegt werden.

Immer, wenn das Signal ertönt, müssen alle Aktionen abgebrochen und es muss zurück zur Basisstation gefahren werden. Dann gibt es einen Neustart.

Das ganze Gelände ist sicherheitsgeschützt. Deshalb muss jede Person immer eine Matte unter jedem Fuß haben oder sich irgendwie auf einem Fahrzeug befinden!

Das Spiel ist beendet, wenn die Gruppe entscheidet, dass sie den richtigen Prototyp ausspioniert und kein überflüssiges Material mehr hat.

Aufgaben der Spielleitung: Erzählerische Einstimmung in die Szenerie. Dabei ist die Bedeutung des Begriffs „Industriespionage" zu erklären. Ausgabe der Materialien, Aufbau des Prototyps und des Sichtschutzes, Vorbereitung und Bestückung der Spielfläche. Gesprächsimpulse und Begleitung des Planungs- und Entscheidungsfindungsprozesses und Anpfiff und Beaufsichtigung des Spielverlaufs und des Regelverhaltens. Am Ende der Spielsequenzen mit den Teilnehmern in einer Reflexionsphase über die Entwicklung und Anwendung einer Strategie und mögliche Probleme in der Zusammenarbeit sprechen. Veränderungsvorstellungen und einen eventuellen Revanchewunsch abfragen.

Lerneffekt: Die Teilnehmer müssen eine gemeinsame Strategie entwickeln und unter sich aushandeln, wer wann welches Fahrzeug fährt, ob gebaut oder gezeichnet wird usw. Das erfordert viel Kommunikation und Kooperation. Sie dürfen Fehler machen und sich in der Materialauswahl vertun. Zur Entsorgung gibt es extra eine Station, es wird nicht auf Zeit gespielt, aber ein Signal führt immer wieder zu Unterbrechungen der Abläufe.

7 Ausblick

Vieles spielt sich ein, wenn Gedankenspiele in aktives Spielen umgesetzt werden und aus vereinzelten dialogischen Passungsversuchen eine kontinuierliche gemeinsame Daseinsgestaltung wird. Diese Form der Zusammenarbeit von Pädagogen und Schülern macht Schule für die meisten Teilnehmer zu einem bedeutsamen Ort mit einer besonderen Anziehungskraft. Zwar bleibt Schule weiterhin ein Ort, der ambivalente Gefühle auslöst, aber er wird zu einem sicheren zentralen Lebensort, der verschiedene Spielräume bietet.

Schüler lernen hier nicht nur, wie man Mathematikaufgaben löst und Berichte schreibt, sondern auch, wie man Freu(n)de findet und mit Konflikten umgeht. Lehrer erhalten die Chance, eine veränderte pädagogische Haltung zu finden und zu einer Erweiterung von Handlungsmöglichkeiten zu gelangen. Unter dem Gesichtspunkt, Kraft aus Widerständen zu ziehen und Niederlagen geschickt auszuweichen, erfolgt eine Entwicklungsbegleitung der Schüler. Nach den Prinzipien der Freiwilligkeit, der weitgehenden Voraussetzungslosigkeit und der Spiel- und Bewegungsorientierung als Alltagsgestaltung geraten Lehrer damit nicht so schnell in Gefahr, angesichts der extremen Problemlagen in eine „selbstausbeuterische Tüchtigkeit" zu verfallen oder über Übertragungs- und Gegenübertragungskonstellationen zu stolpern. Zudem orientiert sich „die Möglichkeit, anders zu sein", verknüpft mit „Aspekten des Gelingens" zusätzlich an der Selbstwirksamkeit und Eigenverantwortung der Schüler. Das kann sie dazu bewegen, Strategien neu zu ordnen, und zu einer Musterunterbrechung führen. Denn während des gemeinsamen Spielens kommt das Feedback sofort. Der Gewinn von Erkenntnissen zeichnet sich meistens später in einer Form ab, in der sich das Individuelle artikuliert. Denn, was sich oft in der Vielschichtigkeit der Spielsituation verliert, lässt sich zu einem folgenden Zeitpunkt bei den einzelnen Schülern als Veränderung von Alltagsroutinen ablesen. Die Pädagogen sind zwar weiterhin für die Herstellung von Sicherheit und Grenzsetzungen zuständig, der Umgang gewinnt aber an Lebendigkeit und Leichtigkeit. Das Miteinander ändert sich beim gemeinsamen Spielen und in Bewegung häufig, sodass oft nicht mehr eindeutig festzustellen ist, wer von wem lernt. Das spiel- und bewegungsorientierte Angebot wird von den Schülern angenommen. Selbst Totalverweigerer lassen sich auf wechselseitige Kontakt-, Kommunikations- und Beziehungsaufnahmen mit anderen ein. Dabei kommt es durch das gemeinsame Spielen in den Entwicklungsbereichen Emotion, Sozialverhalten, Kommunikation und Wahrnehmung sowohl zu einer beobachtbaren Zunahme von Kompetenzen als auch zu einer nachhaltigen Reduktion des schulischen Problemverhaltens und damit auch im sozialen Umfeld zu einer höheren Allgemeinzufriedenheit.

Literatur

Ader, S., Schrapper, C. (2004): Sozialpädagogische Diagnostik als fallverstehende Analyse und Verständigung. Entwicklungslinien, Konzepte und Anforderungen. In: Fegert, J. M., Schrapper, C. (Hrsg.): Jugendhilfe – Jugendpsychiatrie. Interdisziplinäre Kooperation. Juventa, Weinheim, 85–100

Ahrbeck, B., Rauh, B. (Hrsg.) (2006): Der Fall des schwierigen Kindes. Therapie, Diagnostik und schulische Förderung verhaltensgestörter Kinder und Jugendlicher. Beltz, Weinheim

Baierl, M. (2014): Herausforderung Alltag. Praxishandbuch für die pädagogische Arbeit mit psychisch gestörten Jugendlichen. Vandenhoeck & Ruprecht, Göttingen

Bauer, J. (2013): Empathie kann sich erschöpfen. Zeitschrift der GEW. Erziehung und Wissenschaft 26 (6)

Baumann, M. (2015): „Intensivpädagogik" – das Gegenteil von Inklusion? Versuch einer Standortbestimmung. In: https://www.socialnet.de/materialien/attach/274.pdf, 24.06.2020

Baumann, M., Bolz, T., Albers, V. (2017): „Systemsprenger" in der Schule. Beltz, Weinheim

Bilstein, J. (2001): Vom nützlichen Wissen der schönen Künste. In: Liebau, E. (Hrsg.): Die Bildung des Subjekts. Beiträge zur Pädagogik der Teilhabe. Juventa, Weinheim, 269–290

Bröckelmann, W. (2018): Halt und Haltung – Schulische Arbeit mit Kindern und Jugendlichen im Förderschwerpunkt Emotionale und soziale Entwicklung. Zeitschrift für Heilpädagogik 69, 448–456

BZgA (1998): Was erhält den Menschen gesund? Antonovskys Modell der Salutogenese – Diskussionsstand und Stellenwert. Bundeszentrale für gesundheitliche Aufklärung, Köln

Caldwell, L., Joyce, A. (2016): Winnicott und seine Zeit. In: Horne, A., Lanyado, M. (Hrsg.): Übergangsobjekt und Möglichkeitsraum. Die Kreativität Winnicott'schen Denkens für die klinische Praxis. Brandes & Apsel, Frankfurt am Main, 27–54

Dörner, D. (2011): Die Logik des Misslingens. Rowohlt, Reinbek

Dupont, M. (2016): Vortrag und Power-Point-Version: „Wieder (nicht) in die Schule gehen" – „Triade" und „Triangulierung" bei Schulvermeidung. Fachtagung Schule und Psychiatrie (SchuPs) vom 21.–24. September 2016 in Bremen

Ertle, C. (2009): Unterricht an der Schule für Kranke als Forschungsvorhaben. SchuPs (Herausgeber: Arbeitskreis Schule und Psychiatrie) (18), 12–17.

Fegert, J. M. (2011).: Zum Stand der Dinge: Kinder- und Jugendpsychiatrie als interdisziplinäres Schnittstellenfach. In: Psychisch gestört oder „nur" verhaltensauffällig? Kooperation von Jugendhilfe und Kinder- und Jugendpsychiatrie in einem schwierigen Dunkelfeld. Aktuelle Beiträge zur Kinder- und Jugendhilfe, 79, 15–49

Freud, S. (2007): Schriften zur Behandlungstechnik (Studienausgabe, Ergänzungsband 11). Fischer, Frankfurt am Main

Freyberg, T. v., Wolff, A. (Hrsg.) (2009): Störer und Gestörte. Konfliktgeschichten nicht beschulbarer Jugendlicher. Bd. 1. Brandes & Apsel, Frankfurt am Main

Gerspach, M. (1998): Wohin mit den Störern? Zur Sozialpädagogik der Verhaltensauffälligen. Kohlhammer, Stuttgart

Giesemann, K. (2010): Der Gegenwartsmoment in der psychotherapeutischen Arbeit. Psychotherapie 15 (1), 64–72

Gilsdorf, R., Kistner, G. (2001): Kooperative Abenteuerspiele 1. Klett/Kallmeyer, Seelze-Velber

Glomp, I. (2014): Warum wir viel mehr spielen sollten. Psychologie heute 41 (2), 66–70

Hammer, R. (2001): Bewegung allein genügt nicht. Verlag Modernes Leben, Dortmund

Handke, P. (1966): Publikumsbeschimpfung und andere Sprechstücke. Suhrkamp, Berlin

Heckhausen, H. (1985): Motivation und Handeln. Lehrbuch der Motivationspsychologie. Springer, Berlin

Heinemann, E., Hopf, H. (2015): Psychische Störungen in Kindheit und Jugend. Kohlhammer, Stuttgart

Herz, B. (2013): Schulische und außerschulische Erziehungshilfe. Klinkhardt, Bad Heilbrunn

Herz, B., Zimmermann, D. (2015): Beziehung statt Erziehung? Psychoanalytische Perspektiven auf pädagogische Herausforderungen in der Praxis mit emotional-sozial belasteten Heranwachsenden. In: Stein, R., Müller, T. (Hrsg.): Inklusion im Förderschwerpunkt emotionale und soziale Entwicklung. Kohlhammer, Stuttgart, 144 – 169

Hölter, G. (2011): Bewegungstherapie bei psychischen Erkrankungen. Grundlagen und Anwendung. Deutscher Ärzte-Verlag, Köln

Hölter, G. (2008): Perspektiven einer Sportpädagogik der Vielfalt – Integration und Inklusion. In: Fediuk, F. (Hrsg.): Inklusion als bewegungspädagogische Aufgabe. Schneider, Hohengehren, 97 – 122

Irle, K. (2019): Träge wie ein großer Tanker. Zeitschrift der GEW. Erziehung und Wissenschaft 9, 22 – 23

Klepacki, L., Zirfas, J. (2009): Ästhetische Bildung – Was man lernt und was man nicht lernt. In: Liebau, E., Zirfas, J.: Die Kunst der Schule. Über die Kultivierung der Schule durch die Künste. transcript Verlag (Ästhetik und Bildung, 3), Bielefeld, 111 – 142

Kobi, E.E. (2004): Grundfragen der Heilpädagogik. Eine Einführung in heilpädagogisches Denken. BHP-Verlag, Berlin

Krenz, A. (2005): Der „situationsorientierte Ansatz“ im Kindergarten. Grundlagen und Praxis. Herder (Konzeptbuch Kita), Freiburg im Breisgau

Kühn, M. (2016): Vortrag und Power-Point-Version: Traumapädagogik – „Macht eure Welt endlich zu meiner …“. Fachtagung Schule und Psychiatrie (SchuPs) vom 21. – 24. September 2016 in Bremen

Lehn, A., Stuefer, R. (Hrsg.) (2011): räume bilden. Wie Schule und Architektur kommunizieren. In: Arts & Culture & Education. Löcker GesmBH, Wien

Moor, P. (1965): Heilpädagogik. Ein pädagogisches Lehrbuch. Huber, Bern [u. a.]

Müller, T., Stein, R. (2015): Erziehung im Förderschwerpunkt emotionale und soziale Entwicklung. In: Stein, R., Müller, T. (Hrsg.): Inklusion im Förderschwerpunkt emotionale und soziale Entwicklung. Kohlhammer, Stuttgart, 216 – 229

Myschker, N. (2009): Verhaltensstörungen bei Kindern und Jugendlichen. Erscheinungsformen, Ursachen, hilfreiche Maßnahmen. Kohlhammer, Stuttgart

Myschker, N., Stein, R. (2014): Verhaltensstörungen bei Kindern und Jugendlichen. Erscheinungsformen – Ursachen – Hilfreiche Maßnahmen. Kohlhammer, Stuttgart

Opp, G., Otto, A. (2016): Theorie und Praxis sozialer Teilhabe in pädagogischen Kontexten. In: Zimmermann, D., Meyer, M., Hoyer, J. (Hrsg.): Ausgrenzung und Teilhabe. Klinkhardt, Bad Heilbrunn, 62 – 75

Popp, K., Methner, A. (2014): Schülerinnen und Schüler mit herausforderndem Verhalten. Hilfen für die schulische Praxis. Kohlhammer, Stuttgart

Pütter, I. (2008): Ressourcen und Lösungen: der Ansatz von M.H. Erickson. In: Wittrock, M., Vernooij, M.A. Verhaltensgestört!? Perspektiven, Diagnosen, Lösungen im pädagogischen Alltag. Schöningh, Paderborn, 267 – 286

Rauh, B. (2010): Triade und Gruppe – Ressourcen schulischer Bildung. Eine Studie zur Weiterentwicklung des Verständnisses emotional-sozial bedingter schulischer Probleme und deren Prävention. Schneider-Verlag Hohengehren, Baltmannsweiler

Reich, K. (2012): Konstruktivistische Didaktik. Das Lehr- und Studienbuch mit Online-Methodenpool. Beltz, Weinheim

Remsperger, R. (2011): Sensitive Responsivität. Zur Qualität pädagogischen Handelns im Kindergarten. VS Verlag, Springer Fachmedien, Wiesbaden

Schwabe, M. (2010): Rezension vom 22.09.2010 zu: Baumann, M.: Kinder, die Systeme sprengen. Schneider Verlag, Hohengehren, Baltmannsweiler. In: https://www.socialnet.de/rezensionen/10293.php, 24.06.2020

Seligman, M. E. P. (2014): Flourish – wie Menschen aufblühen. Die positive Psychologie des gelingenden Lebens. Kösel, München

Speck, O. (2008): System Heilpädagogik. Eine ökologisch reflexive Grundlegung. Ernst Reinhardt, München

Speck, O. (1997): Chaos und Autonomie in der Erziehung. Erziehungsschwierigkeiten unter moralischem Aspekt. Ernst Reinhardt, München

Stern, D. N. (2010): Der Gegenwartsmoment. Veränderungsprozesse in Psychoanalyse, Psychotherapie und Alltag. Brandes & Apsel, Frankfurt am Main

Stichweh, R. (2009): Leitgesichtspunkte einer Soziologie der Inklusion und Exklusion. In: Stichweh, R., Windolf, P. (Hrsg.): Inklusion und Exklusion: Analysen zur Sozialstruktur und sozialen Ungleichheit. Springer VS Verlag, Wiesbaden, 11–27

Störmer, N. (2014): Du störst! Herausfordernde Handlungsweisen und ihre Interpretation als "Verhaltensstörung". Frank & Timme, Berlin

Wanke, U. (2004): Entwicklung und Erprobung eines Konzepts für den Chemieunterricht an Schulen für Kranke in der Kinder- und Jugendpsychiatrie. Dissertation im Fachbereich Chemie, Universität Essen-Duisburg, Essen

Welsche, M. (2018): Beziehungsorientierte Bewegungspädagogik. Ernst Reinhardt, München

Wilhelm, K. (2019): Die Gefühlsausstrahler. Psychologie heute, 46 (9). Beltz, Weinheim

Winnicott, D. W. (1973): Vom Spiel der Kreativität. Klett, Stuttgart

Wittrock, M., Vernooij, M. A. (2008): Verhaltensgestört!? Perspektiven, Diagnosen, Lösungen im pädagogischen Alltag. Schöningh, Paderborn

Zapke, B. (2018): Spielräume an den Grenzen der Beschulbarkeit. Ein bewegungsorientiertes Spielkonzept zur Verbesserung der Soziabilität bei jugendlichen Schülern mit schweren psychischen Auffälligkeiten. In: http://dx.doi.org/10.17877/DE290R-19926, 24.06.2020

Zimmermann, D. (2016): Traumapädagogik in der Schule. Pädagogische Beziehungen mit schwer belasteten Kindern und Jugendlichen. Psychosozial-Verlag (Psychoanalytische Pädagogik, Band 45), Gießen

Zimmermann, D., Meyer, M., Hoyer, J. (Hrsg.) (2016): Ausgrenzung und Teilhabe. Klinkhardt, Bad Heilbrunn

Zimpel, A. F., Hüther, G. (2016): Lasst unsere Kinder spielen! Der Schlüssel zum Erfolg. Vandenhoeck & Ruprecht, Göttingen

Sachregister